조지의 우주를 여는 비밀열쇠 ①

BOOK 1: GEORGE'S SECRET KEY TO THE UNIVERSE
by Lucy and Stephen Hawking
Illustrations by Garry Parsons
Copyright © Lucy Hawking 2007
Illustrations/Diagrams copyright © Random House Children's Books, 2007
(Diagrams by Dynamo Design)

Published by arrangement with Random House Children's Books, one part of the Random House Group Ltd.
All rights reserved.

Korean translation copyright © 2008 by RH Korea Co., Ltd.
Korean translation rights arranged with Random House Children's Books
through EYA (Eric Yang Agency).

이 책의 한국어판 저작권은 EYA(Eric Yang Agency)를 통해
RANDOM HOUSE CHILDREN'S BOOKS사와 독점 계약한 ㈜알에이치코리아에 있습니다.

저작권법에 의하여 한국 내에서 보호를 받는 저작물이므로 무단전재와 복제를 금합니다.

스티븐 호킹의 우주 과학 동화

조지의 우주를 여는 비밀 열쇠 ①

루시 & 스티븐 호킹 지음 · 김혜원 옮김

주니어 RHK

등장인물 소개

조지 그린비 호기심 많고 영리한 소년. 생태 환경 운동가인 부모님 덕분에 TV도 컴퓨터도 없는 집에서 산다. 조지의 소원은 자기 컴퓨터를 갖는 것. 일주일에 50센트씩 돈을 모으고 있다. 어느 날 조지의 애완돼지 프레디가 울타리를 뚫고 도망치는 바람에 괴상한 이웃 에릭과 그의 딸 애니, 그리고 슈퍼컴퓨터 코스모스를 만나게 되고, 그들과의 모험을 통해 점점 과학의 중요성을 깨닫는다.

테렌스와 데이지 조지의 아빠와 엄마. 죽어 가는 지구를 살리기 위해 일회용품은 물론 자동차도 타지 않는 열혈 생태 환경 운동가. 조지에게 안전하고 건강한 환경을 만들어 주기 위해 모

든 옷을 손으로 빨고 모든 음료와 음식을 직접 재배한 농작물로 만들어 먹는다. 과학 기술이 생태 환경을 파괴하는 원인이라 생각하고 컴퓨터를 비롯한 모든 현대적 발명품들과 과학을 거부하지만 조지의 과학 발표를 듣고 편견을 버리게 된다.

프레디 조지의 핑크빛 새끼 돼지.

애니 발레를 사랑하는 조지의 옆집 소녀. 아무렇지도 않게 거짓말을 꾸며 대기도 하지만 왠지 미워할 수 없는 귀여운 소녀다. 코스모스를 설득해 조지에게 처음으로 우주여행을 시켜 준다. 위험에 처한 조지를 재치 있는 순발력으로 구해 주기도 한다.

에릭 애니의 아빠. 슈퍼컴퓨터 코스모스를 만든 천재 과학자지만 남을 의심하지 않는 착한 성품 때문에 함정에 빠진다. 과학에 대한 열정과 학식이 대단

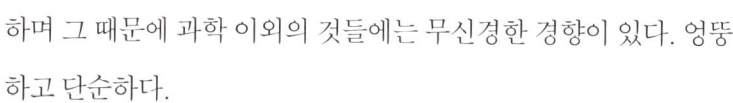

하며 그 때문에 과학 이외의 것들에는 무신경한 경향이 있다. 엉뚱하고 단순하다.

수잔 애니의 엄마. 다른 지역 학교에서 음악을 가르친다. 에릭과 애니와 떨어져 살고 있지만 걱정하고 사랑하는 마음은 각별하다. 조지와 애니의 말을 듣고 위험에 빠진 에릭을 구하러 간다.

코스모스 우주의 문을 열어 주는 세상에서 가장 뛰어난 컴퓨터. 잘난 척하기를 좋아하고, 자신의 위대함을 너무 많이 강조하여 주위 사람들을 짜증나게 할 때도 있지만, 과학 탐구단의 명예를 걸고 위험한 순간에 정의와 의리를 지킨다. 심심하면 콧노래를 흥얼거린다.

그레이엄 리퍼 비밀을 간직한 인물. 조지가 다니는 학교의 과학 선생님으로 별명은 그리퍼다. 두 손은 불에 댄 화상 자국으로 뒤덮여 있고, 음모를 꾸미는 듯한 음흉한 눈빛으로 늘 아이들을 감시한다. 조지와 에릭, 코스모스의 관계를 알고부터 링고 패거리를 이용해 코스모스를 훔칠 계획을 세운다. 아주 오래전 에릭, 코스모스와 얽힌 무시무시한 사연을 갖고 있다.

링고 본명은 리처드 브라이트. 조지와 같은 반이며 학급의 약한 아이들을 괴롭히는 등 온갖 나쁜 짓만 하고 다니는 소문난 말썽꾼. 조지 때문에 리퍼 선생님에게 벌을 받았다며 자신의 패거리(위펫, 지트, 탱크)와 함께 조지를 괴롭힌다. 핼러윈에 장난을 치러 리퍼의 집에 갔다가 그의 음흉한 계획에 동참하게 된다.

차례

등장인물 소개 ··· 4

1장 ··· 11
2장 ··· 27
3장 ··· 46
4장 ··· 54
5장 ··· 65
6장 ··· 83
7장 ··· 94
8장 ··· 106

9장 ··· 115
10장 ··· 122
11장 ··· 131
12장 ··· 144
13장 ··· 155
14장 ··· 164
15장 ··· 170
16장 ··· 190

스티븐 호킹·루시 호킹 인터뷰 ··· 203

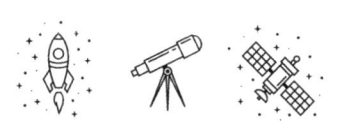

나의 사랑하는 손자
윌리엄과 조지에게,
사랑을 담아

1장

'돼지가 그냥 사라지지는 않아. 녀석이 하늘로 솟았겠어, 땅으로 꺼졌겠어.'

조지는 텅 비어 있는 돼지우리를 뚫어지게 쳐다보며 속으로 생각했다. 모든 게 혹시 끔찍한 광학적 착시 현상은 아닐까 생각하면서 눈을 꼭 감았다가 다시 떠 보기도 했다. 그러나 눈을 뜨고 다시 보아도 진흙이 덕지덕지 붙어 있는 커다란 핑크빛 돼지의 모습은 여전히 어디에도 없었다. 사실 조지가 다시 살펴보았을 때는 상황이 나아지기는커녕 오히려 더 악화되어 있었다. 돼지우리의 옆문이 열려 있는 게 눈에 들어왔던 것이다. 그것은 누군가가 문을 제대로 닫지 않았다는 뜻이다. 그리고 그 누군가는 아마도 조지 자신일 터였다.

"조지!"

엄마가 부엌에서 부르는 소리가 들렸다.

"조금 있으면 저녁 먹을 텐데, 숙제는 다 했니? 이제 한 시간밖에 안 남았다."

"다 했어요, 엄마."

조지는 일부러 명랑한 목소리로 크게 대답했다.

"돼지는 어떻게 하고 있니?"

"잘 있어요! 아주 잘이요!"

조지는 새된 소리로 대답하면서 얼른 꿀꿀대는 돼지 울음소리를 몇 차례 끼워 넣었다. 수많은 채소와 거대한—그러나 지금은 이상하게 온데간데없는—돼지 한 마리로 가득 차 있던 이 작은 뒷마당이 평소와 다름없는 것처럼 보이게 하기 위해서였다. 그리고 혹시나 하는 마음에 몇 차례 더 꿀꿀거렸다. 이 상황을 어떻게 둘러댈지 미처 생각해 내기도 전에 엄마가 뒷마당으로 나오지 않도록 하는 게 매우 중요했기 때문이다. 그 돼지를 어떻게 찾아서 다시 우리에 넣고 저녁 먹을 시간에 맞춰 돌아가야 할지 도무지 알 수가 없었다. 조지는 머리를 굴

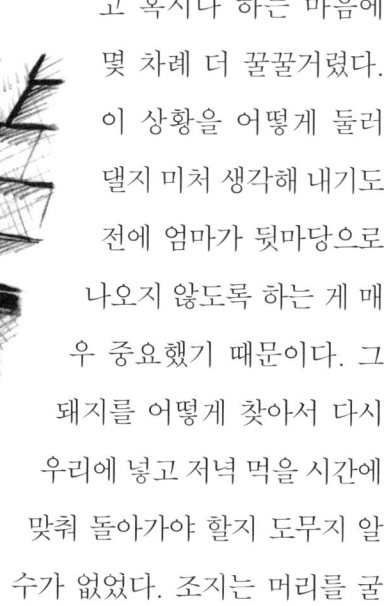

유기농 농장

리고 또 굴렸다. 무슨 일이 있어도 묘안을 짜내기 전에 엄마나 아빠가 뒷마당으로 나오는 일만은 막아야 했다.

조지는 부모님이 그 돼지를 썩 좋아하지 않는다는 것을 알고 있었다. 부모님은 뒷마당에 돼지를 두는 걸 탐탁지 않게 여겼는데, 특히 아빠는 채소밭 너머에 돼지가 살고 있다는 사실을 떠올릴 때마다 이를 뿌드득 갈 정도로 질색했다. 그 돼지는 조지가 선물로 받은 것이었다. 몇 년 전 어느 추운 크리스마스이브에 꿀꿀거리는 소리와 쿵쿵대는 소리로 가득 찬 소포 상자 하나가 집으로 배달되었다. 상자 안에는 성난 핑크빛 새끼 돼지 한 마리가 들어 있었다. 조지는 새끼 돼지를 조심스럽게 들어 상자 밖으로 꺼냈다. 그리고 자신의 새로운 친구가 발굽 달린 작은 발로 찍찍 미끄러지면서 크리스마스트리 주변을 돌아다니는 모습을 재미있게 지켜보았다. 상자에는 이런 메모가 붙어 있었다.

'사랑하는 모두에게! 행복한 크리스마스를 보내기 바란다! 이 작은 녀석한테는 따뜻한 집이 필요하단다. 녀석을 잘 키워 줄 수 있겠니? 할머니가.'

조지의 아빠 테렌스는 새로운 식구가 들어오는 것을 영 못마땅하게 여겼다. 테렌스가 동물을 좋아하지 않는 까닭은 채식주의자이기 때문만은 아니었다. 사실 테렌스는 식물을 더 좋아했다. 식물은 훨씬 더 다루기가 쉽기 때문이다. 식물은 주변을 어질러 놓지도 않고, 부엌 바닥에 진흙 발자국을 남기지도 않으며, 불쑥 들어와 식탁 위의 비스킷을 몽땅 먹어 치우는 일도 없다. 그러나 조

지는 자신의 돼지를 갖는 게 너무도 좋았다. 조지가 그해에 엄마와 아빠한테 받은 크리스마스 선물은 여느 때와 다름없이 굉장히 실망스러웠다. 엄마 데이지가 손수 떠 준 보라색과 오렌지색 줄무늬 스웨터는 소매가 바닥까지 내려왔다. 팬파이프도 전혀 갖고 싶지 않았다. 게다가 '벌레 사육장 만들기' 조립 상자를 열었을 때는 어처구니없는 표정을 감출 수 없었다.

사실 조지가 정말로 원한 것은 컴퓨터였다. 그러나 부모님이 컴퓨터를 사 줄 리 만무하다는 것을 조지는 알고 있었다. 조지의 엄마와 아빠는 현대적인 발명품들을 좋아하지 않았다. 그래서 가능하면 웬만한 집에는 다 있는 가전제품들 하나 없이 구식으로 생활하려고 했다. 더 깨끗하고 더 단순한 삶을 살기 위해 모든 옷을 손으로 빨았고 자동차도 사지 않았으며 심지어 전기 사용을 줄이기 위해 집에 촛불까지 켜 두었다.

조지의 부모님은 그 모든 것이 조지에게 자연적이고 건강한 환경을 만들어 주기 위함이라고 했다. 나쁜 독소도 없고, 식품 첨가물도 없고, 방사능도 없고, 더 나아가 다른 어떤 유해한 현상들도 없는 환경을 말이다. 단 한 가지 문제가 있다면 아들에게 해를 끼칠 가능성이 있는 모든 것을 없애는 과정에서, 조지에게 재미를 줄 수 있는 많은 것들까지 함께 없앴다는 점이다. 엄마와 아빠는 5월의 기둥(5월제를 축하하기 위해 꽃이나 리본으로 장식한 기둥 – 옮긴이)을 돌면서 춤을 추거나 생태 보호를 위한 시위행진에 참가하거나 혹은 빵을 구울 밀가루를 집에서 직접 가는 일이 즐거웠을지 모르지만, 조지는 아니었다. 조지는 놀이공원에 가서 롤러코스터를 타거나 컴퓨터 게임을 하거나 비행기를 타고 아주아주 멀리 떨어진 어딘가로 여행을 가고 싶었다. 하지만 지금으로선 돼지 한 마리가 조지가 가진 전부였다.

돼지는 아주 귀여웠다. 조지는 그 돼지한테 프레디라는 이름을 붙여 주었다. 그리고 녀석이 아빠가 뒷마당에 지어 준 돼지우리 가장자리를 돌아다니며 주둥이로 지푸라기를 헤집거나 쿵쿵거리며 흙냄새를 맡는 걸 지켜보면서 행복한 시간을 보냈다. 계절이 몇 번 변하고 해가 바뀌는 동안, 조지의 돼지는 자꾸자꾸 자라서 희미한 불빛에서 보면 마치 새끼 코끼리처럼 보일 정도가 되었다. 프레디는 몸집이 점점 불어날수록 좁은 우리에 갇혀 있는 걸 갑갑하게 여기는 것 같았다. 그래서인지 걸핏하면 우리에서 빠져나와 채소밭을 마구 휘젓고 다니며 홍당무의 어린잎을 밟아 뭉개거나 방울다다기양배추를 우적우적 씹어 먹기도 하고 조지의 엄마 데이지가 가꾸는 꽃들을 짓씹어 놓기 일쑤였다.

데이지는 조지에게 살아 있는 모든 생물을 사랑하는 게 얼마나 중요한 일인지 누누이 말했다. 하지만 조지는 프레디가 채소밭을 완전히 망쳐 놓는 날이면 엄마가 자기 돼지를 그다지 사랑스러운 눈으로 쳐다보지 않는다는 걸 어렴풋이 알 수 있었다. 아빠와 마찬가지로 엄마 역시 채식주의자이기는 했지만 프레디가 채소밭을 엉망진창으로 만들어 놓은 어느 날, 조지는 화가 머리끝까지 난 엄마가 그것들을 치우면서 '저 녀석을 확 소시지로 만들어 먹을까 보다.'라고 중얼거리는 소리를 들었다고 확신했다.

하지만 오늘, 프레디가 망쳐 놓은 건 채소가 아니었다. 녀석은 채소밭으로 미친 듯이 돌진하는 대신 훨씬 더 심각한 일을 저지르고 말았다. 조지네 채소밭과 옆집을 구분하는 울타리에서 조지는 문득 돼지 크기만 한 구멍 하나를 발견했다. 어제만 해도 그런 구멍은 분명 없었고, 프레디도 어제는 우리 안에 얌전히 있었다. 그런데 지금은 온데간데없이 사라져 버렸다. 그것이 의미하는 건 딱 한 가지뿐이다. 즉 프레디가 모험을 시도하다 뒷마당의 안전한 우리에서 벗어나 절대로 가지 말아야 할 어딘가로 가 버렸다는 뜻이다. 바로 옆집 말이다.

옆집은 이상한 곳이었다. 조지가 기억하는 한 그 집은 계속 텅 비어 있었다. 죽 늘어선 다른 연립 주택들은 뒷마당을 말끔하게 가꾸었고, 저녁이면 창문에서 불빛이 반짝였으며, 사람들이 드나들 때마다 문이 쾅쾅 닫히는 소리가 들렸다. 하지만 그 집은 그저 거기에 슬프고 조용하고 어둡게 자리 잡고 있을 뿐이었다. 이른 아침에 신나게 재잘거리는 어린아이도 없고, 뒷문으로 나와 식구들에게 저녁 먹으러 들어오라고 소리치는 엄마도 없었다. 주말에도 부서진 창틀을 고치거나 밑으로 내려앉은 처마의 물받이를 고치러 오는 사람도 없었다. 때문에 망치 두드리는 소리도 들리지

않았고 갓 칠한 페인트 냄새도 나지 않았다. 수년 동안 전혀 돌보지 않고 방치해 둔 터라 마당에 잡초가 무성하게 자라서 울타리 맞은편은 꼭 아마존 정글처럼 보였다.

　반면 조지네 뒷마당은 깔끔하게 정돈되어 있어 매우 따분하기까지 했다. 그곳에는 막대기를 타고 올라가는 강낭콩 몇 줄과 잎이 늘어진 양상추 몇 이랑 그리고 홍당무와 잘 자란 감자 따위가 있었다. 심지어 조심스럽게 가꾼 나무딸기밭까지 있어서 조지가 공을 찼다 하면 철벅하고 공이 그 한가운데로 떨어져 딸기를 으스러뜨려 놓기 일쑤였다.

조지의 부모님은 조지가 채소를 가꾸는 일에 관심을 갖고 나중에 커서 유기농 식물을 재배하는 농부가 되기를 바라며, 직접 채소를 키울 수 있는 작은 공간을 마련해 주기도 했다. 하지만 조지는 땅을 내려다보기보다 하늘을 올려다보는 것을 더 좋아했다. 그래서 지구라는 행성에 있는 조지의 작은 땅은 돌멩이와 잡초로 덮여 헐벗은 채 황량하게 변해 갔고, 그러는 동안 조지는 하늘의 별이 얼마나 많은지 하나하나 세어 보곤 했다.

그러나 옆집은 완전히 달랐다. 조지는 종종 돼지우리의 지붕 꼭대기에 올라 울타리 너머로 지독하게 뒤얽혀 있는 옆집의 숲을 바라보곤 했다. 넓게 퍼진 덤불은 곳곳에 아늑하고 작은 은신처를 만들었고, 나무에는 남자아이가 기어오르기에 딱 알맞은 울퉁불퉁하고 휘어진 가지들이 뻗어 있었다. 특히 가시나무가 무성했는데, 뾰족뾰족한 가시가 돋은 가지들이 물결치듯 이상하게 고리 모양으로 굽어져서 마치 어떤 기차역의 선로처럼 서로 엇갈려 있었다. 여름이면 덩굴 식물인 메꽃이 초록빛 거미줄처럼 마당에 있는 다른 모든 식물을 꼬불꼬불 휘어 감았고, 여기저기에서 노란 민들레가 피어났으며, 독성 있는 가시투성이의 거대한 돼지풀이 마치 다른 행성에서 오기라도 한 것처럼 불쑥 모습을 드러내는가 하면, 작고 파란 물망초 꽃이 마구 뒤엉킨 초록빛 숲속에서 예쁘게 윙크를 하곤 했다.

그러나 옆집은 금지된 영역이었다. 그곳을 또 다른 놀이터로 이용하려는 조지의 생각에 부모님은 아주 단호하게 "안 된다."고 말했다. 그것은 주저하거나 상냥하게 말하는 '안 된다.'가 아니었

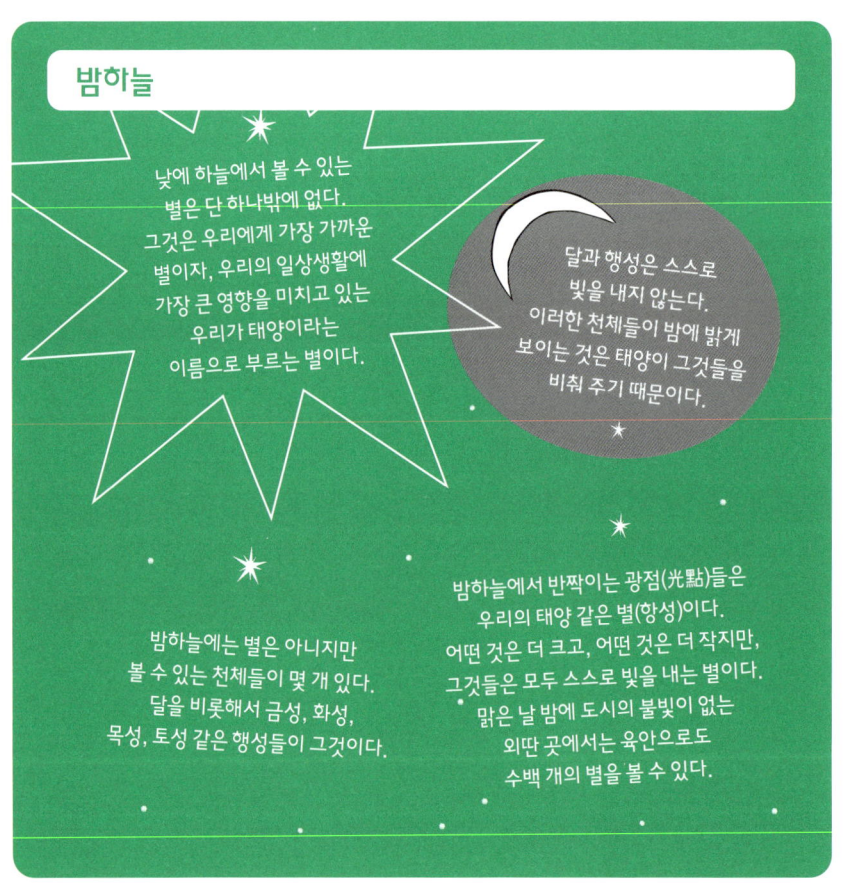

다. 평상시에 늘 듣는 "너를 위해서 '안 된다.'고 말하는 거야."도 아니었다. 가타부타 토도 달지 말고 군말 없이 따라야 한다는, 그런 종류의 진짜 '안 된다.'였다. 그것은 조지가 학교의 다른 친구들은 모두 집에 텔레비전이 있고 심지어 어떤 아이들은 자기 방에도 텔레비전이 있는데, 우리도 텔레비전을 사는 것을 진지하게 고려해 볼 수 있지 않느냐는 말을 하려다 부딪쳤던 것과 똑같은 '안 된다.'였다. 그 얘기를 꺼냈을 때, 조지는 아무짝에도 쓸모없는 쓰레기 같은 텔레비전을 보는 것이 뇌를 어떻게 오염시키는지에 대해 아빠의 길고 긴 설명을 들어야만 했다. 그러나 옆집 문제에 대해서는 그런 일장 연설조차 듣지 못했다. 아빠는 그 말을 꺼내기가 무섭게 "안 된다."고 단호하게 딱 잘라 버렸다.

조지는 항상 그 이유가 궁금했다. 아빠에게서 더 이상의 대답을 듣지 못하리라 짐작한 조지는 대신 엄마에게 물었다.

"오, 조지."

조지의 엄마 데이지가 양배추와 순무를 잘게 썰어서 케이크 반죽 속으로 휙 던져 넣으며 한숨을 푹 내쉬었다. 데이지는 무언가를 맛있게 만들기 위해 배합해야 하는 재료들보다는 손에 잡히는 것은 무엇이든 이용해서 요리를 하는 경향이 있었다.

"넌 대체 뭐가 그리 궁금한 게 많니?"

"전 그저 왜 옆집에 가면 안 되는 건지 알고 싶을 뿐이에요."

조지는 순순히 물러나지 않았다.

"왜 그런 건지 이유를 말씀해 주시면 오늘 하루 동안 더 이상 아무것도 묻지 않을게요. 약속해요."

데이지는 꽃무늬 앞치마에 손을 닦고는 쐐기풀 차를 한 모금 마셨다.

"알았다, 조지. 머핀 반죽을 저어 주면 이야기해 주마."

데이지는 조지에게 커다란 갈색 주발과 나무 숟가락을 건넸다. 조지가 초록색과 하얀색 채소 알갱이가 섞여 있는 걸쭉한 노란색 반죽을 휘젓기 시작하자 데이지는 자리에 편히 앉았다.

"네가 아주 어렸을 때, 그러니까 우리가 처음 여기로 이사 왔을 때 그 집에는 나이 지긋한 노인 한 분이 살고 계셨단다."

데이지가 드디어 이야기를 시작했다.

"그 노인을 본 건 몇 번밖에 없지만, 엄만 똑똑히 기억하고 있단다. 나는 지금껏 수염을 그렇게 길게 기른 사람은 본 적이 없어. 수염이 노인의 무릎까지 내려왔었지. 그 노인의 나이가 실제로 얼마인지 아무도 몰라. 하지만 이웃 사람들 말로는 그 노인이 그곳에 굉장히 오랫동안 살았다고 하더구나."

"그 할아버지한테 무슨 일이 일어난 거죠?"

조지는 더 이상 질문을 하지 않겠다고 약속했던 걸 벌써 까맣게 잊어버리고 물었다.

"아무도 모른단다."

데이지가 야릇한 표정을 지으며 대답했다.

"무슨 뜻이에요?"

조지가 젓는 걸 멈추고 물었다.

"말 그대로야."

데이지가 대답했다.

"노인이 살고 있었는데, 어느 날 갑자기 사라진 거지."

"휴가를 가셨는지도 모르잖아요."

조지는 순진하게 말했다.

"그래, 처음에는 그런 거라 생각했지. 하지만 노인은 돌아오지 않았단다. 사람들이 집을 샅샅이 뒤졌지만 노인의 흔적은 어디에도 없었어. 그 집은 그때부터 텅 비어 있었고, 그 노인을 다시 본 사람은 아무도 없었지."

"맙소사."

조지는 놀라움을 감출 수가 없었다.

"그런데 얼마 전에……."

데이지가 뜨거운 차를 후후 불면서 계속 말을 이었다.

"옆집에서 무슨 소리가 들리더구나. 한밤중에 쾅쾅거리는 소리가 났어. 불빛도 보였고, 목소리도 들렸단다. 어떤 집 없는 사람들이 들어가서 살고 있었던 게지. 경찰이 와서 그들을 강제로 끌어내야만 했단다. 그런데 지난주에 다시 소리가 들렸어. 우린 그 집에 대체 누가 있는지 전혀 몰라. 아빠가 너를 그곳 근처에도 못 가게 하는 건 바로 그 때문이란다, 조지."

조지는 울타리에 나 있는 커다란 검은 구멍을 바라보면서 엄마와 나누었던 대화를 떠올렸다. 엄마의 이야기를 들은 뒤에도 옆집에 가고 싶은 충동을 억누를 수가 없었다. 그 집은 여전히 신비롭고 매혹적으로 보였다. 그러나 갈 수 없다는 것을 알면서도 가고 싶은 것과, 꼭 찾아야만 하는 것을 찾기 위해 가는 것은 다른 일이다. 갑자기 옆집이 유령이 나올 것처럼 어둡고 무섭게 보였다.

조지는 마음을 종잡을 수가 없었다. 한편으로는 그냥 촛불이 깜박이고 친숙한 엄마의 요리 냄새가 풍기는 집으로 가서 뒷문을 닫은 채 안전하고 아늑하게 있고 싶었다. 하지만 그것은 프레

디를 홀로, 어쩌면 위험 속에 남겨
둔다는 것을 의미했다. 조지는
부모님에게 도움을 요청할
수가 없었다. 그랬다간 말
썽만 피우는 못된 새끼
돼지를 더 이상 집에 둘
수 없다고 판단한 부모
님이 당장 녀석을 쫓아
내서 베이컨이 되게 할
지도 모를 일이었다. 숨
을 깊이 들이마신 다음,
조지는 다른 방법이 없다
고 생각했다. 옆집으로 가야
만 했다.

 조지는 두 눈을 질끈 감고 울타리의 구멍 속으로 몸을 집어넣
었다.

 맞은편으로 나와서 눈을 떴을 때, 조지는 정글 같은 이웃집 마
당 한복판에 있었다. 머리 위로 나무들이 어찌나 빽빽이 뒤덮여
있던지 하늘이 전혀 보이지 않았다. 게다가 날은 점점 어두워져
울창한 숲을 한층 더 어둡게 만들고 있었다. 무성한 잡초들 사이
로 나 있는 작은 길이 눈에 띄었다. 조지는 그것이 프레디가 있는

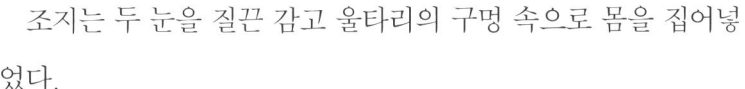

곳으로 이끌어 주기를 바라며 그 길을 따라갔다.

　조지는 옷에 자꾸 걸리고 맨살을 콕콕 찌르는 지독한 가시나무 숲을 가까스로 지나갔다. 그 나무들은 마치 뾰족뾰족한 가시로 조지의 팔다리를 할퀴려고 어스름한 어둠 속에서 뻗어 나오는 것 같았다. 진흙투성이 낙엽이 발밑에서 질척거리는가 하면 쐐기풀이 날카로운 돌기로 톡톡 쏘았다. 머리 위에서는 나무들이 줄곧 바람 소리를 냈다. 바람에 흔들리는 나뭇잎들이 마치 '조심해, 조지. 조심해, 조지.'라고 속삭이는 듯했다.

　조지는 이윽고 그 집 바로 뒤에 있는 공터에 다다랐다. 그때까지 그 말썽꾸러기 돼지의 자취는 전혀 보지도 듣지도 못했다. 그러나 그곳에서, 조지는 뒷문 밖의 부서진 포석들 위에 너무나도 뚜렷하게 남아 있는 진흙 발자국들을 발견했다. 그 발자국으로 조지는 프레디가 어느 쪽으로 갔는지 정확히 알 수 있었다. 프레디는 버려진 집의 뒷문을 통해 안으로 곧장 걸어 들어간 게 분명했다. 뒷문은 살찐 돼지 한 마리가 간신히 비집고 들어갈 수 있을 만큼 열려 있었다. 설상가상으로, 오랫동안 아무도 살지 않았던 텅 빈 그 집에서 한 줄기 불빛이 흘러나오고 있었다.

　'누군가가 집 안에 있다!'

2장

　조지는 다시 마당에 내려서서 자신이 막 지나왔던 오솔길을 둘러보았다.
　'집으로 돌아가서 부모님을 불러와야 해. 설사 아빠에게 울타리를 통해 옆집 마당으로 들어갔다는 사실을 고백해야 한다 해도 여기 이렇게 혼자 있는 것보다는 훨씬 나을 거야.'
　조지는 창문으로 프레디가 보이는지 살펴본 다음 집으로 가서 아빠를 불러오기로 마음먹었다.
　조지는 텅 빈 집에서 흘러나오는 밝은 빛줄기 쪽으로 살금살금 다가갔다. 그 빛은 조지의 집에서 켜 놓는 약한 촛불이나 학교의 차갑고 푸른 네온 불빛과는 전혀 다른 황금빛이었다. 이빨이 덜덜 떨릴 정도로 무서웠다. 하지만 그 불빛이 마치 자신을 안으로 끌어당기는 것 같았다. 이윽고 창가에 선 조지는 집 안을 자세히 들여다보았다. 창틀과 블라인드 사이의 좁은 공간을 통해서만 집

안을 볼 수 있었다. 여러 개의 머그잔과 오래된 티백들이 흩어져 있는 부엌이 보였다.

순간, 갑작스러운 움직임이 시선을 끌었다. 조지는 얼른 부엌 바닥을 흘끗 내려다보았다. 그곳에 자신의 돼지 프레디가 있었다! 녀석은 어떤 그릇에 주둥이를 박고 뭔지 정체 모를 밝은 보랏빛 액체를 정신없이 먹고 있었다.

조지는 오싹 소름이 끼쳤다. 그게 무서운 함정이라는 걸 직감으로 알아차릴 수 있었다.

"안 돼!"

조지가 소리쳤다.

"그건 독이야!"

그리고 창유리를 세게 탕탕 두드렸다.

"먹지 마, 프레디!"

하지만 먹을 것만 보면 정신을 못 차리는 돼지 프레디는 주인의 목소리를 들은 척도 않고 이상한 액체가 담긴 그릇 주변을 행복에 겨운 표정으로 계속 맴돌았다. 차분히 생각할 겨를도 없이 조지는 문을 열고 부엌으로 들어가 프레디의 주둥이 밑에서 그릇을 홱 낚아챘다. 그리고 그 내용물을 싱크대에 쏟아 버렸다. 보랏빛 액체가 꼬르륵거리며 싱크대 구멍 속으로 내려갔다. 그때 뒤에서 어떤 목소리가 들렸다.

"넌 누구니?"

조금 독특하긴 해도 어린아이 목소리가 분명했다.

조지는 놀라서 홱 돌아섰다. 뒤에 한 여자아이가 서 있었다. 그 소녀는 마치 여러 가지 나비의 날개로 몸을 휘감기라도 한 것처럼 다양한 색깔과 여러 겹의 얇은 천으로 만들어진 아주 이상한 옷을 입고 있었다.

조지는 식식거렸다. 소녀는 헝클어진 긴 금발머리에 파란색과 초록색 깃털 같은 것을 꽂고 있었는데, 그 모습이 기이하긴 해도 전혀 두려워하는 기색은 없었다.

"그러는 넌 대체 누구니?"

조지는 대답 대신 성이 나서 이렇게 물었다.

"내가 먼저 물었잖아."
소녀가 새치름하게 말했다.
"여긴 우리 집이야. 그러니까 나는 네가 누군지 알아야 하지만, 난 내가 원하지 않으면 아무 말도 할 필요가 없다는 거지."
"내 이름은 조지야."
조지는 기분이 시무룩할 때는 늘 그렇듯이 턱을 삐죽이 내밀었다.
"그리고 저건……."
손가락으로 프레디를 가리키며 말했다.
"내 돼지야. 그런데 네가 녀석을 이곳으로 꾀어냈어."
"난 네 돼지를 꾀어낸 적 없어."
소녀가 어처구니없다는 듯이 단호하게 말했다.
"기가 막혀서 말이 안 나오네. 내가 무엇 때문에 저따위 돼지를 갖고 싶어 하겠니? 난 발레리나야. 발레에는 돼지가 필요없어."
"하, 발레라."
조지는 씁쓸하게 중얼거렸다. 어렸을 때 부모님이 댄스 클래스에 데려간 적이 있는데, 조지는 그때 느꼈던 공포를 결코 잊을 수가 없었다.

"넌 발레리나가 되기엔 너무 어려. 아직 어린 꼬맹이잖아."

조지는 말도 안 된다는 투로 빈정거렸다.

"사실이야. 발레단에도 소속되어 있다고."

소녀가 거만하게 말을 이었다.

"잘 알지도 못하면서 아는 척하긴."

"쳇, 그럼 어째서 내 돼지를 독물로 죽이려는 거지?"

조지는 다그쳐 물었다.

"그건 독이 아니야."

소녀가 비웃듯이 말했다.

"그건 리베나야. 블랙커런트(유럽 북서부가 원산지로 블루베리와 비슷한 생김새의 열매)로 만든 주스 말이야. 오히려 그걸 모르는 네가 이상해 보이는걸."

조지는 항상 부모님이 집에서 직접 즙을 낸 뿌옇고 연한 과일 주스만 보아 왔던 터라, 그 보랏빛 물질이 무엇인지 깨닫지 못한 자신이 갑자기 우스꽝스럽게 느껴졌다.

"하지만 여기가 정말로 너네 집은 아니잖아, 안 그래?"

조지는 어떻게든 이 여자애를 이기리라 마음먹고 말을 이었다.

"이곳은 오래전에 어디론가 사라져 버린 긴 수염을 기른 할아버지의 집이란 말이야."

"아니, 여긴 우리 집이야."

소녀가 파란 눈을 반짝이며 말했다.

"그리고 난 무대에서 춤을 출 때를 제외하고는 여기서 살아."

"그럼 네 엄마와 아빠는 어디에 계시는데?"

조지는 또 한 번 다그쳐 물었다.

"난 부모님이 안 계셔."

소녀가 핑크빛 입술을 샐쭉 내밀었다.

"난 고아야. 무대 뒤 분장실에서 튀튀(발레용 짧은 스커트 – 옮긴이)에 싸인 채 발견되었어. 그래서 발레단에 입양되었지. 내가 재능 있는 발레리나가 된 건 바로 그 때문이야."

소녀는 큰 소리로 코를 킁킁거렸다.

"애니!"

그때 어떤 남자의 목소리가 집 안에 쩌렁쩌렁 울려 퍼졌다. 하지만 소녀는 꿈쩍도 하지 않았다.

"애니!"

좀 더 가까운 곳에서 목소리가 다시 들렸다.

"어디에 있니, 애니?"

"저 사람은 누구지?"

조지는 의심쩍은 표정으로 물었다.

"저건…… 어…… 저건…….''

소녀가 머뭇거리며 발레 슈즈만 내려다보았다.

"애니, 여기 있었구나!"

헝클어진 검은 머리에 굵고 두꺼운 테의 안경을 코에 삐딱하게 걸친 키 큰 남자가 부엌으로 걸어 들어왔다.

"대체 뭐 하고 있었던 거니?"

"오!"

소녀가 그 남자에게 환한 미소를 지어 보였다.

"그냥…… 돼지한테 리베나 주스를 주고 있었어요."

남자의 얼굴에 불쾌한 표정이 스치고 지나갔다.

"애니."

남자가 참을성 있게 말했다.

"그 얘기는 이미 한 번 써먹은 것 같은데. 거짓말을 꾸며 낼 때가 있고, 또……."

그러다 한쪽 구석에 서 있는 조지와 그 옆에서 코와 입에 블랙커런트 얼룩을 잔뜩 묻힌 채 마치 웃는 것 같은 표정을 짓고 있는 돼지를 발견하고 말꼬리를 흐렸다.

"아, 돼지가 있구나……. 부엌에…… 또……."

남자가 상황을 살피면서 천천히 말했다.

"미안하구나, 애니. 난 네가 또 거짓말을 꾸며 낸 줄 알았단다. 그러고 보니 인사가 늦었구나, 안녕."

남자가 방을 가로질러 오더니 조지와 악수를 나누고, 돼지의 두 귀 사이를 약간 조심스럽게 토닥였다.

"안녕……. 안녕……."

남자는 다음에 무슨 말을 해야 할지 모르는 것 같았다.

"저는 조지라고 해요."

조지는 도와줄 요량으로 얼른 말했다.

"그리고 이 녀석은 제 돼지예요. 이름은 프레디고요."

"너의 돼지……."

남자가 되풀이 말했다. 그러곤 애니를 향해 돌아서자 소녀는 어깨를 으쓱하고 '제가 그렇게 말했잖아요.' 하는 표정을 지었다.

"저는 옆집에 살고 있어요."

조지는 계속해서 설명했다.

"그런데 제 돼지가 울타리에 난 구멍으로 빠져나가는 바람에 여기로 녀석을 잡으러 온 거예요."

"그랬구나!"

남자가 빙긋이 미소를 지었다.

"난 네가 어떻게 우리 부엌으로 들어왔을까, 그 생각을 하고 있었단다. 내 이름은 에릭이야. 애니의 아빠지."

남자가 손가락으로 금발 소녀를 가리켰다.

"애니의 아빠라고요?"

조지는 애니를 보고 웃으면서 짓궂게 되물었다. 애니는 코를 높이 쳐들며 조지와 눈을 맞추지 않으려고 애썼다.

"우린 여기에 새로 이사를 왔단다."

에릭이 부엌을 몸짓으로 가리키며 말했다. 부엌의 벽지는 벗겨지고, 오래된 티백에는 곰팡이가 피고, 수도꼭지에서는 물방울이

똑똑 떨어지고, 바닥 깔개는 찢어져 있었다.

"좀 어수선하지? 여기로 온 지 얼마 되지 않아서 말이야. 우리가 만나지 못했던 것도 그래서지."

에릭이 자신의 머리카락을 헝클어뜨리며 얼굴을 찡그렸다.

"뭐 좀 마시겠니? 내 생각에, 네 돼지한테는 애니가 벌써 뭘 준 것 같은데."

"리베나로 주세요."

조지는 얼른 말했다.

"그건 남은 게 없어."

애니가 고개를 가로저으며 말했다.

조지는 얼굴을 푹 숙였다. 하물며 돼지인 프레디도 리베나를 마셔 보았는데, 자신은 못 마신다니! 굉장히 운이 나쁜 것처럼 생각되었다.

에릭이 부엌의 벽장 몇 개를 열어 보았지만 모두 비어 있었다. 그가 미안한 표정으로 어깨를 으쓱해 보이더니 수도꼭지를 가리키면서 넌지시 물었다.

"물이라도 마시겠니?"

조지는 고개를 끄덕였다. 조지는 저녁 식사 시간에 맞춰 허둥지둥 집에 들어가고 싶지 않았다. 보통 다른 아이들과 놀러 갔을 때는 엄마 아빠의 별난 생활 습관 때문에 풀이 죽어서 집으로 일찍 돌아가곤 했다. 그러나 이 집은 굉장히 기분 좋을 정도로 이상해 보였다. 마침내 자신의 가족보다 훨씬 더 이상한 사람들을 발견한 것이다. 조지가 이런 행복한 생각을 하고 있을 때, 에릭이 끼어들어 기분을 망쳤다.

"날이 조금 어둡구나."

에릭이 창밖을 내다보면서 말했다.

"부모님은 네가 여기에 온 걸 아시니, 조지?"

그러곤 부엌 모퉁이에서 전화기를 집어 들었다.

"부모님이 걱정하지 않도록 전화를 드리자꾸나."

"음……."

조지는 어색하게 우물거렸다.

"전화번호가 어떻게 되지?"

에릭이 안경 너머로 조지를 바라보면서 물었다.

"아니면 휴대 전화로 전화를 드리는 게 더 쉬울까?"

"저희 집에는, 어…….."

조지는 어떻게 말해야 할지 알 수가 없었다.

"저희 집에는 전화가 없어요. 물론 휴대 전화도요."

조지는 얼른 말했다.

"어머, 왜?"

휴대 전화도 없다는 말에 놀라서 애니가 눈을 동그랗게 뜨고 물었다.

조지는 조금 머뭇거렸다. 애니와 에릭 모두 꼭 설명을 들어야 겠다는 눈빛으로 조지를 바라보고 있었다.

"부모님은 과학 기술이 세상을 지배하고 있다고 생각하세요."

조지는 아주 빠르게 말했다.

"그리고 우리는 그런 것 없이 살도록 노력해야 한대요. 부모님은 사람들이 지구를 현대의 발명품들로 오염시키고 있다고 생각하세요. 과학과 거기에서 비롯된 발견들로 말예요."

"정말이니?"

에릭의 눈이 두꺼운 안경 뒤에서 번득였다.

"그거 정말 흥미롭구나."

바로 그때 에릭의 손에 들려 있는 전화기에서 갑자기 딸랑딸랑 울리는 노랫소리가 흘러나오기 시작했다.

"제가 받으면 안 돼요? 제발요, 제발, 제발요!"

애니가 에릭이 들고 있는 전화기를 움켜잡으면서 간절하게 말했다.

"엄마!"

애니가 즐거운 비명을 지르며 화려한 색깔의 옷을 휘날리면서 쏜살같이 부엌을 나가더니 전화기에 귀를 바짝 갖다 댔다.

"무슨 일이 있는지 알아맞혀 보세요, 엄마!"

애니가 복도를 잰걸음으로 또닥또닥 걸어가는 동안 카랑카랑한 목소리가 울려 퍼졌다.

"이상한 남자아이가 왔는데 말예요……."

조지는 당황해서 얼굴이 새빨개졌다.

"그 애가 돼지를 갖고 있어요!"

애니의 목소리는 부엌에서도 똑똑히 들렸다.

에릭이 조지의 표정을 슬쩍 살펴보더니 한쪽 발로 부엌문을 조용히 닫았다.

"그런데 그 애가 글쎄, 리베나를 한 번도 못 먹어 봤대요!"

문을 닫았는데도 피리 같은 애니의 목소리가 계속 들렸다.

에릭이 조지한테 물을 주려고 수도꼭지를 틀었다.

"그리고 그 애 부모님은 휴대 전화도 없다는 거 있죠!"

애니의 목소리는 이제 더 희미해졌다. 하지만 조지는 그 고통스러운 단어 하나하나를 다 알아들을 수 있었다.

에릭이 라디오를 틀자 음악이 흘러나오기 시작했다.

"그래서 조지, 우리가 어디까지 얘기했더라?"

에릭이 큰 소리로 물었다.

"모르겠어요."

조지는 기어들어 가는 목소리로 말했다. 하지만 애니의 통화 내용을 들리지 않게 하려고 에릭이 일부러 틀어 놓은 라디오 소리 때문에 조지의 말은 거의 들리지 않았다.

에릭이 조지에게 동정 어린 눈길을 던지더니, 주머니에서 플라스틱 자 하나를 꺼내며 큰 소리로 말했다.

"재미있는 걸 보여 주마."

그러고는 조지 코앞에서 그걸 마구 휘둘렀다.

"이게 뭔지 아니?"

에릭이 아주 큰 소리로 물었다.

"자 아닌가요?"

자기가 생각해도 너무 빤한 대답 같았다.

"맞았어."

에릭이 소리쳤다. 이번엔 자를 머리카락에 대고 문질렀다.

"잘 봐라!"

그러곤 자를 수도꼭지에서 흘러나오는 가느다란 물줄기 가까이 가져갔다. 그러자 물줄기가 위로 휘어지더니 곧장 아래로 떨어지는 게 아니라 비스듬히 흘러내렸다. 에릭이 자를 물에서 멀리 가져가자 물줄기는 다시 정상적으로 흘러내렸다. 에릭이 자를 조지에게 건네주었다. 조지는 그것을 자기 머리에 문지른 다음 물줄기에 가까이 가져갔다. 이번에도 똑같은 일이 벌어졌다.

"이거 마술이죠?"

조지는 애니의 무례한 행동을 완전히 잊어버리고 흥분해서 소리쳤다.

"아니."

에릭은 자를 주머니에 넣었다. 물줄기는 다시 원래대로 돌아왔다. 그리고 수도꼭지를 잠그고 라디오를 껐다. 부엌이 조용해졌다. 애니의 목소리는 더 이상 들리지 않았다.

"이건 과학이란다, 조지."

에릭이 얼굴 가득 환한 미소를 지으면서 말했다.

"과학. 자를 머리카락에 대고 문지르면, 자가 네 머리카락에서 전하를 훔치는 거야. 우리 눈으로는 전하를 볼 수 없지만, 물줄기는 그걸 느낄 수 있는 거지."

"와, 정말 놀라워요."

조지는 작은 소리로 속삭였다.

"그렇지."

에릭도 동의했다.

"과학은 우리가 우리 주변의 세상과 그 모든 신비를 이해할 수 있게 도와주는 놀랍고 재미있는 과목이란다."

"아저씨는 과학자세요?"

조지는 갑자기 매우 혼란스러운 느낌이 들었다.

"그렇단다."

에릭이 대답했다.

"그럼 과학이 지구와 그 위에 있는 모든 것을 죽이고 있는데, 저게……."

조지는 손가락으로 수도꼭지를 가리켰다.

"어떻게 과학일 수 있죠?"

"아, 똑똑하구나."

에릭이 과장된 몸짓으로 말했다.

"문제의 핵심을 제대로 이해하고 있어. 너의 질문에 대답해 주고 싶지만, 그렇게 하려면 먼저 너한테 과학 자체에 대해서 설명을 해야만 해. 과학은 중요한 용어란다. 과학은 우리의 감각과 우리의 지성 그리고 우리의 관찰력을 이용해서 우리 주위의 세상을 설명하는 것을 의미하지."

"정말이요?"

조지가 믿을 수 없다는 듯이 물었다.

"정말이고말고. 자연 과학에는 많은 분야가 있고, 그것들은 각기 다양한 용도를 갖고 있단다. 내가 연구하는 것은 '어떻게'와 '왜'에 관한 모든 것이지. 우주와 태양계와 우리의 행성과 지구상의 생명, 그 모든 게 어떻게 시작되었을까? 그것이 시작되기 전에는 무엇이 있었을까? 그 모든 게 어디서 왔을까? 그리고 그 모든 게 어떻게 움직일까? 그리고 왜 그렇게 움직일까? 이것이 바로 물리학이란다, 조지. 흥미롭고 놀랍고 매혹적인 물리학 말이야."

"정말 재미있네요!"

조지는 탄성을 질렀다. 에릭은 조지가 부모님께 대답해 달라고 졸랐던—그리고 부모님이 결코 대답할 수 없었던—모든 문제들에 대해 말하고 있었다. 조지는 학교에서도 이런 중요한 문제들에 대해 질문했었다. 하지만 그때마다 들은 대답은 대부분 다음

해에 수업을 들으면 알게 될 거라는 말뿐이었다. 그것은 조지가 원하는 대답이 전혀 아니었다.

"계속할까?"

에릭이 눈썹을 치켜 올리며 물었다.

그런데 조지가 막 '그럼요, 얼른 설명해 주세요.'라고 대답하려는 순간, 잠자코 있던 프레디가 갑자기 흥분하기 시작했다. 녀석은 무거운 몸을 움직여 일어나더니 두 귀를 바짝 붙인 채 놀라운 속도로 문을 향해 돌진했다.

"아-아-안 돼!"

에릭이 부엌문으로 돌진하는 돼지를 잡으려고 몸을 던지면서 외쳤다.

"머-엄-춰!"

조지도 에릭과 프레디를 따라 옆방으로 달려 들어가면서 소리

쳤다.

"꿀꿀꿀꿀꿀꿀!"

프레디가 꿀꿀거렸다. 녀석은 오랜만에 외출한 그날을 무척 즐기고 있는 게 분명했다.

3장

 조지가 만약 애니네 부엌이 너저분하다고 생각했다면, 그 옆방은 완전히 다른 차원으로 어질러져 있었다. 그 방은 여기저기 쌓아 놓은 책들로 가득 차 있었는데, 어찌나 높이 쌓아 올렸던지 일부는 아슬아슬할 정도로 천장까지 닿아 있었다. 프레디가 그 방

한복판으로 돌진하자, 노트와 책과 가죽으로 장정된 학술서와 종이들이 녀석의 주위에서 소용돌이를 일으키며 어지럽게 날아올랐다.

"녀석을 잡아!"

에릭이 돼지를 다시 부엌 쪽으로 몰려고 애쓰면서 소리쳤다.

"노력하고 있어요!"

이렇게 외치는 순간, 표지가 번들거리는 어떤 책 한 권이 조지의 얼굴을 쳤다.

"얼른!"

에릭이 다급하게 말했다.

"녀석을 당장 여기서 내보내야 해."

에릭이 그렇게 말하고 펄쩍 뛰더니 프레디의 등 위로 몸을 던

저 녀석의 두 귀를 잡았다. 프레디는 그 상태에서도 재빨리 움직였다. 에릭은 녀석의 두 귀를 운전대처럼 쥐고 마치 야생마를 탄 것처럼 방향을 홱 돌리더니 문을 지나 다시 부엌으로 나갔다.

혼자 남겨진 조지는 주위를 둘러보았다. 이런 방은 생전 처음이었다. 비록 어지럽게 어질러져 있기는 했지만, 허공을 날아다니던 종이들이 부드럽게 바닥으로 떨어지고 있는 그 방은 아름답고 멋졌을 뿐만 아니라 흥미로운 물건들로 가득 차 있었다.

벽에 걸려 있는 커다란 칠판이 조지의 시선을 끌었다. 그 칠판은 여러 가지 색깔의 분필로 알아볼 수 없게 휘갈겨 쓴 기호와 글자들로 뒤덮여 있었다. 거기엔 또 많은 글씨가 쓰여 있었지만, 조

동트기 직전 지구의 달이 떠오르기에 앞서, 지구의 반사광(지구에서 반사된 햇빛)이 달의 어두운 쪽을 부드럽게 밝혀 주고 있다.

PICTURE FILES · COSMOS'S PICTURE

달은 대개 잿빛인 것으로 알려져 있지만, 사실은 색깔을 갖고 있다. 이 사진은 달의 다양한 지질적 특징들에 의해 만들어진 미묘한 색조가 드러나도록 컴퓨터로 작업한 것이다.

달의 뒷면은 지구에서는 관측이 불가능하다. 이 사진은 1972년에 아폴로 16호가 찍은 것이다.

PICTURE FILES · COSMOS'S PICTURE

이 사진의 중앙에 있는 암흑 성운은 그 모양 때문에 말머리성운이라고 불린다. 말머리성운은 IC 434라고 불리는 발광 성운을 배경으로 뚜렷한 윤곽을 드러내고 있다. 이 발광 성운이 밝은 것은 내부에 포함된 수소 가스가 뜨거운 별들에 의해 환하게 밝혀지고 있기 때문이다. 빛이 여기에서 지구까지 도달하는 데는 1,500년이 걸린다.

이 기둥 모양의 우주 구름은 수소와 먼지로 이루어져 있다. 이 구름은 아직 모양이 형성되지 않은 별들을 포함하고 있으며 별을 탄생시키는 인큐베이터 역할을 한다고 해서 '창조의 기둥들'이라고 불린다.

은하수의 중심. 이 중심은 그 앞쪽이 우주 먼지로 가로막혀 있기 때문에 우리의 눈으로는 볼 수가 없다. 이 사진은 감춰진 수십만 개의 별을 볼 수 있게 해 주는 적외선으로 찍은 것이다. 가운데 있는 흰색 점 안에는 엄청나게 큰 블랙홀이 있다.

COSMOS'S PICTURE FILES

PICTURE FILES · COSMOS'S PICTURE

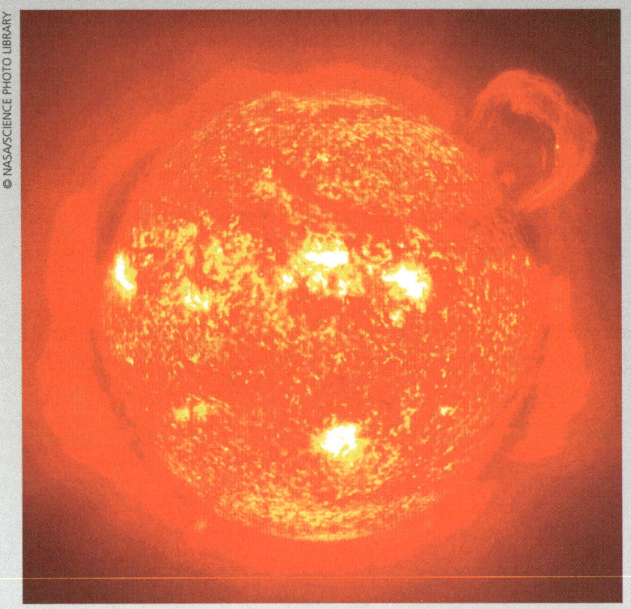

자외선으로 본 태양의 모습. 그림의 오른쪽 위에서 뜨거운 플라스마(가스) 구름이 폭발하고 있다. 이런 종류의 폭발은 '태양홍염'이라고 불린다.

켄타우루스자리의 프록시마(중앙의 붉은 점)는 태양에 가장 가까운 별이다. 빛이 이곳에서 지구까지 여행하는 데는 4.22년이 걸린다. 반면 빛이 태양에서 지구까지 여행하는 데는 8.31분이 걸린다.

지는 그것을 읽을 겨를이 없었다. 주위엔 그것 말고도 볼 게 너무 많았다. 구석에는 괘종시계가 천천히 똑딱거리고 있었다. 흔들리는 진자의 소리가 끊임없이 움직이는 것 같은 아주 가느다란 줄에 일렬로 매달린 은빛 구체(球體)들과 박자를 맞추고 있었다. 또 나무 스탠드 위에는 창문 쪽을 향해 기다란 황동관 한 개가 올려져 있었다. 차가운 동시에 부드러운 느낌을 주는 그 황동관이 어찌나 오래되고 근사해 보였던지 조지는 만지고 싶은 충동을 억누를 수가 없었다.

에릭이 방으로 다시 돌아왔다. 셔츠 단은 풀어지고 머리카락은 삐죽삐죽 섰으며, 안경은 이상한 각도로 실그러졌지만, 얼굴에는 미소가 가득 담겨 있었다. 손에는 책이 한 권 들려 있었는데, 그가 프레디를 타고 방을 나가면서 잡아챘던 바로 그 책이었다.

"조지, 세상에 이런 기막힌 일도 다 있구나!"

에릭은 감격에 겨운 것처럼 보였다.

"이 책을 잃어버린 줄만 알았는데……. 이건 나의 새 책이란다! 그동안 이 책을 어디서도 찾을 수가 없었거든. 그런데 지금 네 돼지가 날 위해 이걸 찾아주었지 뭐니! 놀랍지 않니?"

조지는 황동관에 한 손을 올려놓은 채 가만히 서서 입을 벌리고 에릭을 뚫어지게 쳐다볼 뿐이었다. 조지는 프레디가 입힌 손해 때문에 일이 성가시게 될 거라고 예상했었다. 하지만 에릭은 조지가 지금까지 만났던 사람들과는 전혀 달랐다. 그는 자기 집에서 무슨 일이 벌어지든 절대로 화를 내지 않을 것처럼 보였다. 조지는 그 모든 게 너무나 당황스러웠다.

"도움을 줘서 고맙다는 말을 해야겠구나."

에릭이 잃어버렸던 책을 상자 위에 올려놓으며 말했다.

"도움이라고요?"

조지는 수줍게 되물었다. 자신의 귀를 믿을 수가 없었다.

"그래, 도움."

에릭이 단호하게 말했다.

"네가 과학에 관심이 있는 것 같으니, 고마움의 표시로 그것에 대해 조금 더 말해 줄 수도 있겠구나. 어디서부터 시작할까? 뭘 알고 싶니?"

조지의 머릿속은 질문들로 가득 차서 딱 하나만 고르기가 굉장히 어려웠다. 그래서 손가락으로 황동관을 가리키며 물었다.

"이게 뭐죠?"

"탁월한 선택이구나, 조지. 탁월한 선택이야."

에릭이 기쁘게 말했다.

"그건 내 망원경이란다. 아주 오래된 거지. 400년 전엔 갈릴레오 갈릴레이라는 과학자의 물건이었단다. 이탈리아에 살던 사람인데, 밤에 하늘을 올려다보는 걸 무척이나 좋아했지. 그 당시에 사람들은 우리 태양계에 있는 모든 행성이 지구 주위를 돈다고 믿었단다. 심지어 태양조차도 지구 주위를 돈다고 생각했지."

우리의 달

- 달은 지구의 자연적인 위성이다.
- 위성은 지구가 태양의 주위를 돌듯이 행성 주위를 도는 천체이며, 자연적이라는 말은 인공이 아니라는 뜻이다.

> 지구는 한 개의 위성을 갖고 있다. 그것을 대문자 M이 붙은 달(Moon)이라고 부른다.
>
> 지구로부터의 평균 거리: 384,399킬로미터
> 지름: 3,476 킬로미터, 지구 지름의 27.3퍼센트
> 표면적: 0.074 × 지구의 표면적
> 부피: 0.020 × 지구의 부피
> 질량: 0.0123 × 지구의 질량
> 적도에서의 중력: 지구 적도에서, 지구 중력의 16.54퍼센트

- 달의 중력이 지구에 미치는 가장 뚜렷한 영향은 바다의 조수이다. 달과 마주 보고 있는 지구 쪽의 바다는 달에서 더 가깝기 때문에 달 쪽으로 더 세게 끌어당겨진다. 마찬가지로 달에서 멀리 떨어져 있는 쪽의 바다는 달이 멀리 있기 때문에 달 쪽으로 덜 끌어당겨진다. 이런 까닭에 지구의 다른 쪽 바다에서는 일시적으로 불룩해지는 현상이 나타난다.

- 태양의 중력적 인력이 달의 중력적 인력보다 훨씬 더 강력하기는 하지만, 태양이 조수에 미치는 영향은 달이 조수에 미치는 영향의 절반밖에 되지 않는다. 태양이 달보다 훨씬 더 멀리 떨어져 있기 때문이다. 달이 지구와 태양과 거의 일직선에 있을 때, 달과 태양의 조수가 함께 결합되어서 한 달에 두 번 만조(滿潮)를 일으킨다.

> 달이 지구 주위를 한 바퀴 도는 데 27.3일이 걸린다.
>
> 달은 밤하늘에서 29.5일마다 똑같은 모양으로 반짝인다.

- 달에는 대기가 없으므로 그곳의 하늘은 낮에도 검다. 그리고 달에서는 지구상에 생명체가 시작된 이후 지진이나 화산 폭발이 없었다. 따라서 지금껏 지구상에 살았던 모든 생명체들은 정확히 똑같은 모습의 달을 보아 왔다.

- 지구에서 우리는 항상 달의 똑같은 면을 본다. 달의 뒷면은 1959년 소련의 우주 탐사선에 의해 최초로 촬영되었다.

"하지만 저는 그게 사실이 아니라는 걸 알아요."

조지는 오래된 망원경을 바라보면서 말했다.

"지구가 태양 주위를 도는 거잖아요."

"그래, 지금이야 너도 아는 사실이지. 과학은 경험을 통해 지식을 얻기도 하거든. 네가 그걸 아는 것은 갈릴레오가 오래전에 그 사실을 발견했기 때문이란다. 망원경을 들여다보면서, 그는 지구를 비롯해 태양계의 모든 행성이 태양 주위를 돈다는 사실을 깨달았지. 뭐가 보이니?"

"달이 보여요."

조지는 눈을 가늘게 뜨고 망원경을 올려다보면서 말했다. 망원경은 서재 창문 밖으로 저녁 하늘을 볼 수 있도록 맞춰져 있었다.

"달이 마치 웃는 것처럼 보여요."

"그렇게 보이는 건 달 표면에 충돌한 운석들로 인해 생긴 격렬한 과거의 상처 때문이란다. 갈릴레오의 망원경으로는 아주 멀리까지는 볼 수 없지만, 천문대에 가서 큰 망원경으로 들여다보면 수십억의 수십억 킬로미터 떨어져 있는 별들도 볼 수 있을 거야. 너무 멀리 떨어져 있어서, 그 빛이 우리 지구에 도달할 때쯤이면 별은 이미 죽었을지도 모르지만 말이야."

"별이 죽을 수도 있어요?"

"그럼. 하지만 우선 너한테 별이 어떻게 태어나는지 보여 주고 싶구나. 그다음에 별이 어떻게 죽는지 살펴보도록 하자. 잠깐만 기다리렴, 조지. 내가 모든 걸 준비할 동안 말이야. 아마 이걸 보면 굉장히 좋아할 게다."

빛과 별

☆ 우주에 있는 모든 것은, 심지어 빛조차도 여행을 하는 데 시간이 걸린다.
☆ 우주 공간에서 빛은 항상 최대 가능 속도인 초속 299,792.458킬로미터로 움직인다. 이 속도를 광속이라고 한다.
☆ 빛이 지구에서 달까지 여행하는 데는 1.3초 정도밖에 걸리지 않는다.
☆ 태양은 달보다 지구에서 더 멀리 떨어져 있다.
☆ 태양을 떠난 빛이 지구상의 우리에게 도달하는 데는 약 8분 20초가 걸린다.

★ 하늘에 있는 다른 별들은 태양보다 지구에서 훨씬 더 멀리 떨어져 있다. 태양 다음으로 가까운 별은 켄타우루스자리의 프록시마로 그 빛이 지구에 도달하는 데는 4.22년이 걸린다.

★ 다른 별은 훨씬 더 멀리 떨어져 있다. 우리가 밤하늘에서 볼 수 있는 거의 모든 별의 빛은 수백, 수천, 혹은 심지어 수만 년을 여행해야 우리의 눈에 도달한다. 우리가 볼 수 있다 해도, 이러한 별들의 일부는 더 이상 존재하지 않을지도 모른다. 하지만 그 별들이 폭발해 죽을 때 발생하는 빛이 우리에게 도달해야 하므로 우리로선 그 사실을 알 수가 없다.

★ 우주에서의 거리는 빛이 1년 동안 이동하는 거리인 광년으로 측정한다. 1광년은 대략 9조 5천억 킬로미터이다.

켄타우루스자리의 프록시마, 태양 다음으로 지구에서 가까운 별.

4장

문 쪽으로 걸어간 에릭이 얼굴을 복도로 내밀고 계단을 올려다보며 소리쳤다.

"애-니!"

"네-에-에."

멀리서 애니의 목소리가 들려왔다.

"내려와서 '별의 탄생과 죽음'을 보지 않을래?"

에릭이 외쳤다.

"그건 벌써 골백번도 더 봤는걸요."

애니가 대답했다. 또닥거리며 계단을 내려오는 소리가 들리더니, 잠시 뒤 애니가 문으로 얼굴을 내밀었다.

"과자 좀 먹어도 돼요?"

"집에 과자가 있는지 모르겠구나."

에릭이 대답했다.

"만약 있으면 여기 서재로 좀 갖고 와서 조지랑 나눠 먹도록 하렴. 알겠니?"

애니가 상냥하게 미소를 짓고는 부엌으로 갔다. 이어서 찬장 문이 획획 열리는 소리가 들렸다.

"애니는 신경 쓰지 말거라."

에릭은 조지를 쳐다보지도 않고 부드럽게 말했다.

"저 애가 너한테 상처를 주려고 일부러 그러는 건 아니야. 저 애는 그냥……."

에릭은 말꼬리를 흐리며 방 모퉁이로 걸어갔다. 그러곤 조지가 미처 발견하지 못했던 어떤 컴퓨터를 만지작거리기 시작했다. 조지는 다른 물건들에 넋이 나간 바람에 키보드가 붙어 있는 은빛 평면 스크린을 보지 못했다.

조지가 그 컴퓨터를 즉시 발견하지 못한 건 의외였다. 조지는 어떻게든 엄마와 아빠를 설득해서 컴퓨터를 살 수 있게 되길 간절히 원했다. 컴퓨터를 사기 위해 일주일에 50센트씩 용돈을 모으고 있지만, 현재의 속도라면 정말로 보잘것없는 중고 컴퓨터를 사는 데도 8년이나 걸릴 터였다. 그래서 학교에 있는 투박하고 느리고 낡은 컴퓨터를 사용해야 했다. 그 컴퓨터는 5분마다 먹통이 되고 스크린에는 온통 끈적끈적한 지문이 묻어 있었다.

반면 에릭의 컴퓨터는 작고 번쩍번쩍 광택이 났으며 꽤나 성능 좋고 근사해 보였다. 우주선에서나 볼 수 있는 컴퓨터라고 할까. 에릭이 키보드에 대고 두어 개의 버튼을 치자 컴퓨터가 위잉, 하는 소리를 내더니 스크린에 갑자기 밝은 컬러의 섬광이 휙 지나갔다. 에릭이 컴퓨터를 경쾌하게 톡톡 두드렸다.

"뭔가를 잊으셨군요."

기묘한 기계 목소리가 말했다. 조지는 하마터면 놀라서 자빠질 뻔했다.

"내가?"

에릭이 잠시 혼란스러운 표정을 지었다.

"네."

목소리가 말했다.

"저한테 소개를 하지 않으셨잖아요."

"오, 미안!"

에릭이 큰 소리로 실수를 인정했다.

"조지, 여기는 내 컴퓨

터 코스모스란다.”

조지는 침을 꿀꺽 삼켰다. 무슨 말을 해야 할지 몰랐다.

“코스모스한테 인사하렴.”

에릭이 조지에게 속삭였다.

“그렇지 않으면 녀석이 화를 낼 거야.”

“안녕, 코스모스.”

조지는 기어들어 가는 목소리로 말했다. 한 번도 컴퓨터한테 말을 걸어 본 적이 없기 때문에 어디를 보아야 할지 몰랐다.

“안녕, 조지.”

코스모스가 대답했다.

“박사님, 또 잊은 게 있어요.”

“이번엔 또 뭐지?”

에릭이 어리둥절한 표정으로 물었다.

“조지한테 제가 세상에서 가장 강력한 컴퓨터라는 소개를 빠뜨리셨잖아요.”

에릭이 어처구니없다는 표정으로 허공을 힐끔 올려다보았다.

“조지.”

그러곤 참을성 있게 말을 이었다.

“코스모스는 세상에서 가장 강력한 컴퓨터란다.”

“맞아.”

코스모스가 맞장구를 쳤다.

"사실이야. 미래에는 나보다 더 강력한 놈이 나오겠지. 하지만 적어도 지금까진 나보다 강력한 컴퓨터는 없어."
"미안하구나."
에릭이 조지에게 작은 소리로 속삭였다.
"컴퓨터들은 종종 까다로울 때도 있단다."
"난 박사님보다도 똑똑해."
코스모스가 자랑했다.
"누가?"
에릭이 스크린을 노려보면서 지르퉁하게 물었다.

"제가요."

코스모스가 말했다.

"저는 10억 분의 1초 안에 수십억 개의 숫자를 계산할 수 있어요. 박사님이 '코스모스는 위대하다.'라고 말하는 데 걸리는 시간보다도 짧은 시간 안에 행성과 혜성과 별과 은하의 수명을 계산할 수 있고요. 또 박사님이 '코스모스는 내가 지금까지 본 컴퓨터 중 가장 인상적인 컴퓨터야. 정말로 놀라운 녀석이지.'라는 말을 끝내기도 전에, 저는……."

"알았다, 알았어."

에릭이 두 손 두 발 다 들었다는 투로 말했다.

"코스모스, 너는 내가 지금까지 본 컴퓨터 중에 가장 인상적인 컴퓨터야. 자, 이제 계속할까? 조지한테 별이 어떻게 탄생하는지 보여 주고 싶은데 말이야."

"안 돼요."

코스모스가 단호하게 거부했다.

"안 된다고?"

에릭이 놀라서 되물었다.

"안 된다니, 무슨 뜻이야. 이 엉뚱한 기계 같으니라고."

"그렇게 하고 싶지 않다고요."

코스모스가 건방지게 말했다.

"그리고 전 엉뚱하지 않아요. 저는 지금까지 존재한 가장 강력한 컴퓨터……."

"오, 제 – 발."

조지는 코스모스의 말을 가로막으며 애원했다.

"제발, 코스모스. 나는 별이 어떻게 탄생하는지 정말로 보고 싶어. 제발 좀 보여 주지 않을래?"

코스모스는 말이 없었다.

"어서, 코스모스."

에릭이 간청했다.

"조지한테 우주의 경이를 조금 보여 주도록 하자."

"생각 좀 해 보고요."

코스모스가 부루퉁하게 대답했다.

"조지는 과학이 지구를 오염시킨다고 알고 있어."

에릭이 계속 말했다.

"그러니까 지금이 조지한테 과학의 다른 면을 보여 줄 수 있는 절호의 기회란 말이야, 코스모스."

"그렇다면 쟤는 선서를 해야 해요."

코스모스는 여전히 단호했다.

"그렇지. 똑똑한 코스모스."

에릭이 급히 칠판 쪽으로 다가가며 말했다.

조지는 돌아서서 칠판에 쓰여 있는 글을 유심히 살펴보았다. 무슨 시(詩)처럼 보였다.

"조지."

에릭이 말했다.

"우주 전체에서 가장 멋진 과목을 배워 보고 싶니?"

"물론이죠!"

조지는 기쁨을 감추지 못하고 탄성을 질렀다.

"그러려면 특별한 선서를 할 준비를 갖춰야 해. 네가 알고 있는 지식을 오로지 좋은 일에만 사용하고, 나쁜 일에는 절대 사용하지 않겠다는 약속을 할 준비."

에릭이 커다란 안경 너머로 조지를 똑바로 쳐다보았다. 아주 진지해 보였다.

"이건 대단히 중요하단다, 조지. 과학은 좋은 일에는 힘이 될 수 있지만, 네가 아까 지적했듯이 큰 해를 끼칠 수도 있거든."

조지는 몸을 꼿꼿이 세우고 에릭의 눈을 쳐다보았다.

"준비됐어요."

"그러면 칠판에 쓰여 있는 글을 보렴."

에릭이 말했다.

"저건 과학자의 선서란다. 그 내용에 동의하면 선서를 큰 소리로 읽으렴."

조지는 칠판에 쓰여 있는

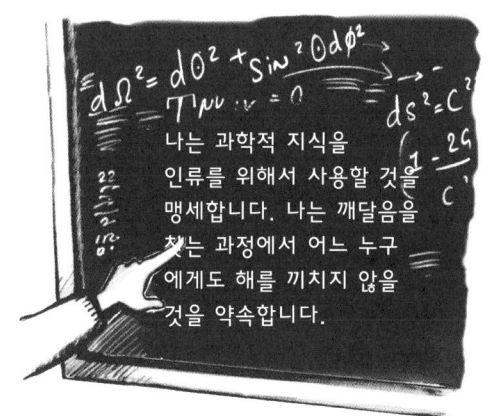

내용을 읽고 잠시 생각에 잠겼다. 선서의 글귀는 그다지 놀라울 게 없었다. 대신 머리끝부터 발끝까지 흥분으로 짜릿한 전율이 느껴졌다. 조지는 에릭이 시킨 대로 선서를 큰 소리로 읽었다.

"나는 과학적 지식을 인류를 위해서 사용할 것을 맹세합니다. 나는 깨달음을 찾는 과정에서 어느 누구에게도 해를 끼치지 않을 것을 약속합니다……."

그때 서재 문이 열리더니 애니가 커다란 과자 봉지를 움켜쥐고 들어왔다.

"계속하렴."

에릭이 격려해 주었다.

"아주 잘하고 있어."

조지는 다음 줄을 읽었다.

"나는 우리를 에워싸고 있는 신비에 대한 더 많은 지식을 탐구하는 과정에서 용감하고 신중하게 행동할 것입니다. 나는 과학적 지식을 내 자신의 개인적 이익을 위해서 사용하거나 우리가 사는 이 멋진 지구를 파괴하려고 하는 사람들에게 제공하지 않을 것입니다. 내가 만약 이 맹세를 어긴다면, 우주의 아름다움과 경이는 내게 영원히 비밀로 남아 있게 될 것입니다."

에릭이 박수를 짝짝 쳤다. 애니는 빈 과자 봉지 하나를 펑 소리 나게 터뜨렸고, 코스모스는 스크린에 밝은 색깔의 무지개를 펼쳐 놓았다.

"잘했다, 조지."

에릭이 말했다.

"넌 이제 인류를 위한 과학 탐구단에서 두 번째로 어린 단원이 되었단다."

"경의를 표합니다."

코스모스가 말했다.

"지금부터는 당신의 명령을 승인하겠습니다."

"난 너한테 과자를 조금 줄게!"

애니가 큰 소리로 말했다.

"애니, 쉿!"

에릭이 주의를 주었다.

"우린 지금 막 중요한 부분으로 넘어가려는 참이야. 조지, 넌 이제 '우주의 문을 여는 비밀 열쇠'를 사용해도 좋단다."

"제가요?"

조지는 놀라서 물었다.

"그게 어디 있는데요?"

"코스모스 쪽으로 가서……."

에릭이 조용히 말했다.

"자판을 보렴. 어느 것을 눌러야 하는지 알겠니? 어느 것이 너에게 우주의 문을 열어 줄 비밀 열쇠인지 알아낼 수 있겠니? 애니, 넌 아무 말도 하지 마라!"

조지는 에릭이 시키는 대로 했다. 코스모스는 세상에서 가장 강력한 컴퓨터일지 모르지만, 그 자판은 가장 보잘것없는 학교 컴퓨터와 똑같은 순서로 숫자와 기호가 배열되어 있어서 평범하고 친숙하게 보였다. 조지는 열심히 생각했다. 어느 자판이 우주의 문을 열어 줄 비밀 열쇠일까? 자판을 다시 바라보았다. 그리고 문득 깨달았다.

"이거 아닌가요?"

조지는 손가락으로 가리키면서 에릭에게 말했다.

에릭이 고개를 끄덕였다.

"누르렴, 조지. 어서."

조지의 손가락이 'Enter'라고 쓰여 있는 자판을 꾹 눌렀다.

갑자기 방 안의 불빛이 희미해지기 시작했다.

"우주에 오신 것을 환영합니다."

코스모스가 팡파르를 연주하면서 말했다.

5장

 방이 점점 더 어두워지고 있었다.
 "이리 와서 앉아, 조지."
 애니가 불렀다. 그 애는 벌써 크고 편안한 소파에 앉아 있었다. 그 옆에 앉은 조지는 조금 뒤 아주 밝고 하얀 빛줄기 하나를 보았다. 코스모스의 스크린에서 흘러나온 빛이었다. 그 빛줄기가 방 한가운데로 뻗어 나오더니, 허공에 어떤 모양을 그리기 시작했다. 빛줄기가 왼쪽에서 오른쪽으로 움직이며 직선 하나를 만들고 바닥 쪽으로 내려왔다. 그리고 뒤에 반짝이는 길을 남기면서 직각으로 꺾어지더니 사각형의 세 변을 만들고 한 번 더 꺾어 원래의 시작점으로 돌아왔다. 잠시 후, 허공에 걸려 있는 그 평평한 사각형은 매우 친숙한 어떤 모양으로 바뀌었다.
 "저건 꼭······."
 조지는 이내 그게 무엇인지 알 수 있었다.

"창문이란다."

에릭이 의기양양하게 말했다.

"코스모스가 우리에게 우주의 창문을 만들어 준 거야. 잘 지켜보거라."

빛줄기가 에릭의 서재 한복판에 창문을 남겨 둔 채 사라졌다. 윤곽은 밝은 빛과 함께 여전히 반짝이고 있었지만, 그것은 이제 진짜 창문과 아주 똑같아 보였다. 창유리에 끼워진 커다란 유리판과 금속 틀도 있었고, 그 너머로 어떤 풍경이 펼쳐졌다. 그 풍경은 에릭의 집도, 길이나 마을도, 혹은 조지가 지금까지 보았던 그 밖의 어떤 것도 아니었다.

그 창문을 통해서 조지는 작고 밝은 별처럼 보이는 것들이 흩뿌려져 있는 놀랍고 광대한 어둠을 볼 수 있었다. 조지는 그 별들을 하나하나 세기 시작했다.

"조지."

코스모스가 기계 목소리로 말했다.

"우주에는 수없이 많은 별이 있어. 나처럼 똑똑하지 않는 한, 너는 그 모든 별을 다 셀 수 없을 거야."

"코스모스, 별은 왜 그렇게 많은 거야?"

조지는 놀라서 물었다.

"계속해서 새로운 별들이 만들어지고 있거든."

위대한 컴퓨터가 대답했다.

"별은 거대한 먼지와 가스 구름에서 태어나지. 그런 일이 어떻게 일어나는지 보여 줄게."

"별이 태어나는 데 얼마나 오래 걸리는데?"

조지가 물었다.

"100억 년."

코스모스가 대답했다.

"쯧쯧, 제발 서둘지 마."

에릭이 소파 옆의 바닥에 책상다리를 하고 앉으며 말했다. 다리가 가늘고 길어서 마치 친절하고 거대한 거미처럼 보였다.

"걱정 마라, 조지. 내가 속도를 상당히 높여 놨으니까. 저녁 식사 시간에 맞춰 집에 갈 수 있을 거야. 애니, 과자 좀 주렴. 조지, 너는 어떤지 모르겠지만, 우주는 항상 날 배고프게 한단다."

"오, 이런!"

애니가 당황한 목소리로 말했다. 그 애가 커다란 과자 봉지 속을 뒤지자 버스럭거리는 소리가 났다.

"과자를 좀 더 가져오는 게 좋겠어요."

애니는 소파에서 벌떡 일어나 쏜살같이 부엌으로 달려갔다.

애니가 서재에서 나간 뒤, 조지는 창문을 통해 보이는 우주의 광경에서 무언가를 주시했다.

모든 곳이 작은 별들로 덮여 있지는 않았다. 창문 아래쪽 모퉁이에서, 조지는 단 한 개의 별도 빛나지 않는 칠흑 같이 어두운 곳을 발견했다.

"저기서는 무슨 일이 벌어지고 있는 거죠?"

조지는 손가락으로 가리키며 물었다.

"어디 좀 볼까?"

에릭이 이렇게 말하고 원격 조종기의 버튼 하나를 눌렀다. 그러자 창문을 통해 보이는 화면이 그 어두운 곳을 비추며 서서히 확대됐다. 화면이 조금 더 가까워지자 조지는 그 어두운 곳에 거대한 구름이 떠다니고 있다는 것을 깨달았다. 창문은 조지와 에릭이 구름의 내부에 있게 될 때까지 계속해서 앞으로 움직였다. 조지는 그 구름이 코스모스가 방금 말한 것처럼 가스와 먼지로 이루어져 있는 것을 볼 수 있었다.

"이게 뭐죠?"

조지가 물었다.

"어디에 있는 거예요?"

"이건 우주에 있는 거대한 구름이란다. 하늘에 떠 있는 구름보다 훨씬 더 크지."

에릭이 설명했다.

"이 안에는 아주아주 작은 입자들이 떠다니고 있단다. 지구를 수백만 개나 넣을 수 있을 정도로 어마어마하게 큰 이 구름은 수많은 입자들로 이루어져 있지. 이 구름에서 앞으로 많은 별들이 태어날 거야."

입자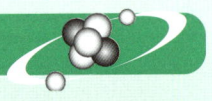

- 기본입자는 더 작은 입자로 나누어질 수 없는 가장 작은 입자이다. 전기를 나르는 전자와 빛을 나르는 광자가 좋은 예이다.

- 원자는 기본입자가 아니다. 왜냐하면 행성이 태양 주위를 도는 것처럼, 원자는 중심에 있는 핵과 그 주위를 도는 전자들로 이루어져 있기 때문이다. 핵은 빽빽이 모인 양성자와 중성자로 이루어져 있다.

- 예전엔 양성자와 중성자를 기본입자로 생각했다. 하지만 이제 우리는 그것들이 쿼크(quark)라는 더 작은 입자들로 이루어져 있다는 사실을 알고 있다. 쿼크는 또한 쿼크에는 작용하지만 전자나 광자에는 작용하지 않는 강력한 힘을 가진 글루온(gluon)이라는 입자에 의해 결합되어 있다.

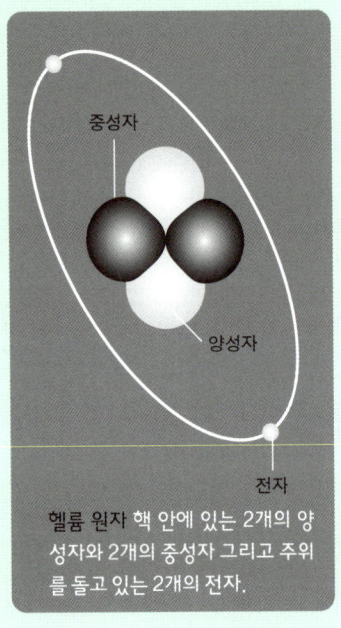

헬륨 원자 핵 안에 있는 2개의 양성자와 2개의 중성자 그리고 주위를 돌고 있는 2개의 전자.

조지는 그 구름 안에서 입자들이 이리저리 움직이며 돌아다니는 것을 볼 수 있었다. 어떤 것들은 서로 결합해서 거대한 물질 덩어리를 만들었다. 이 거대한 덩어리들은 빙글빙글 돌면서 훨씬 더 큰 입자들을 그러모았다. 그러나 그 입자들이 결합하는데도 빙글빙글 도는 덩어리들은 이상하게 더 커지지 않았다. 커지기는커녕 마치 무언가가 짓누르고 있기라도 한 것처럼 점점 작아지는 듯했다. 누군가가 우주에서 거대한 반죽 덩어리를 빚고 있는 것 같았다. 이 거대한 반죽 덩어리들 중 하나가 창문에서 가까운 곳에 있어 조지는 그것이 빙글빙글 돌면서 점점 더 작아지는 걸 볼 수 있었다. 그것은 크기가 작아질수록 점점 더 뜨거워졌다. 어찌나 뜨겁던지 소파에서도 그 열기가 느껴졌다. 이윽고 그것이 희미하지만 놀라운 빛으로 반짝이기 시작했다.

"왜 반짝이는 거죠?"

조지가 물었다.

"크기가 줄어들수록 뜨거워지거든."

에릭이 설명했다.

"그리고 뜨거워질수록 더 밝게 빛나지. 머지않아 굉장히 뜨거워질 거야."

에릭이 바닥에 잔뜩 쌓여 있는 잡동사니들 속에서 이상하게 생긴 선글라스 두 개를 집어 들었다.

"이걸 쓰렴."

에릭이 자신도 선글라스 하나를 쓰면서 말했다.

"곧 선글라스를 쓰지 않으면 볼 수 없을 정도로 밝아질 테니까."

에릭이 건네준 까만 안경을 쓰자마자 그 덩어리가 내부로부터 폭발하면서 타는 듯이 뜨거운 외부의 가스층을 사방으로 분출시켰다. 폭발을 끝낸 덩어리는 우리의 태양처럼 빛나고 있었다.

"와!"

조지는 탄성을 질렀다.

"저게 우리 태양이에요?"

"그럴 수도 있지."

에릭이 대답했다.

"저건 별이 어떻게 태어나는지 보여 주는 것이고, 우리 태양도 별이니까 그렇다고 할 수 있지. 어마어마한 양의 가스와 먼지가 결합하고 수축하면 밀도가 커지고 뜨거워지게 돼. 그러면 그 덩어리 한가운데 있는 알갱이들이 꽉 눌려 융합을 하면서 막대한 양의 에너지를 방출한단다. 이것을 핵융합 반응이라고 하는데, 이 반응은 굉장히 강력해서 일단 시작되면 그 덩어리의 바깥층들을 분출시켜 버리고, 나머지는 별로 바뀌어. 네가 방금 본 게 바로 그거란다."

그 별은 이제 멀리서 아름답게 빛나고 있었다. 너무나 밝아 특수 선글라스를 쓰지 않았다면 그 별을 볼 수 없었을

것이다.

조지는 그 별의 위력에 놀라서 한참을 뚫어지게 쳐다보았다. 이따금씩 밝게 빛나는 거대한 제트(은하 중심에서 물질이 강하게 방출되는 현상)가 별 표면에서 엄청난 속도로 수십만 킬로미터를 날아가는 광경이 보였다.

"별은 저렇게 영원히 반짝이나요?"

조지가 물었다.

"영원히 존재하는 건 아무것도 없단다, 조지. 만약에 별이 영원히 반짝인다면 우리는 여기에 존재하지 못할 거야. 별은 그 안에

원자와 분자

- 물질은 다양한 형태의 원자들로 이루어져 있다. 원자나 원소의 형태는 핵 안에 있는 양성자의 수로 결정된다. 양성자의 수는 최대 118까지 될 수 있으며, 중성자의 수는 대체로 양성자의 수와 같거나 더 많다.

- 가장 간단한 원자는 수소인데, 그 핵은 양성자만 1개 갖고 있을 뿐 중성자는 없다. 자연적으로 발생하는 가장 큰 원자인 우라늄은 92개의 양성자와 146개의 중성자를 포함하는 핵을 갖고 있다.

- 과학자들은 우주에 있는 모든 원자들의 90퍼센트가 수소 원자라고 생각한다.

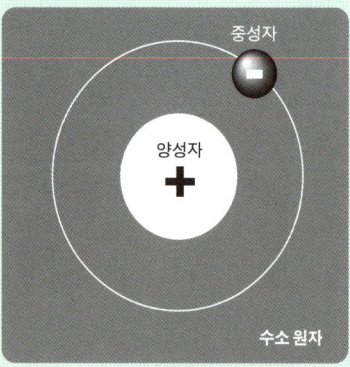

- 나머지 10퍼센트는 117개의 다른 원자들이 다양한 비율로 섞여 있다. 일부는 극히 드물다.

서 작은 입자들을 더 큰 입자들로 바꾼단다. 핵융합 반응이 바로 그거지. 작은 입자들을 융합시켜서 작은 원자로부터 큰 원자를 만들어 내는 거야. 이런 융합에 의해 방출된 엄청난 에너지가 별을 반짝이게 하는 거야. 너와 나를 이루고 있는 거의 모든 원소는 지구가 태어나기 훨씬 전에 존재했던 별들 내부에서 만들어졌단다. 그러니까 우리 모두는 별들의 자식이라고 말할 수 있지! 오래 전에 폭발할 때, 별들은 자기가 만들어 낸 이 커다란 원자들을 모두 우주 공간으로 내보냈단다. 네가 지금 보고 있는 별에서도 똑같은 일이 벌어지고 있을 거야. 저 창문 너머에서 말이야. 별은 수

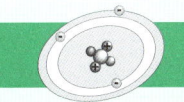

- 원자들이 결합해서 생기는 물질을 분자라고 한다. 다양한 크기의 수많은 분자가 있으며, 우리는 실험실에서 언제든 새로운 분자를 만들 수 있다.

- 별이 태어나기 전에는, 우주 공간에서 오직 가장 간단한 분자만 찾을 수 있다. 가장 흔한 것은 수소 분자인데, 이것은 별이 태어난 우주의 거대한 가스 구름 속에 있다. 수소 분자는 결합된 두 개의 수소 원자로 이루어져 있다.

우라늄 원자

명이 다해 더 이상 더 큰 입자로 융합될 수 있는 작은 입자들이 남아 있지 않게 되면 폭발해 버리거든. 그리고 그 별이 내부에서 만들어 낸 모든 커다란 원자들을 우주 공간으로 내보내지."

창문의 다른 쪽에서는, 별이 화가 난 것처럼 보였다. 그 별의 밝은 노란색이 점점 붉은 빛깔로 변하고, 크기가 자라더니 마침내 창문을 통해서는 다른 어떤 것도 보이지 않을 정도로 커졌다. 조지의 눈에는 금방이라도 폭발할 것 같았다. 에릭이 원격 조종기를 다시 누르자 창문이 즉시 그 별에서 멀리 떨어졌다. 그러는 동안에도 별은 계속해서 점점 붉어지고 더 커졌다.

"정말 놀랍지 않니!"

에릭이 탄성을 질렀다.

"처음에는 덩어리가 오그라들면서 별을 태어나게 하더니, 그 다음엔 점점 커지고 있으니 말이야! 그리고 이젠 폭발하려 하고 있어! 무슨 일을 해도 좋지만 안경만은 절대 벗지 말거라."

조지는 넋 나간 표정으로 별을 쳐다보고 있었다. 그 별이 어느 누구도 상상할 수 없는 크기에 도달하고 한참이 지난 뒤, 조지가 지금까지 한 번도 본 적이 없는 강력한 폭발이 바로 눈앞에서 일어났다. 별 전체가 터진 것이다. 그리고 별이 만들어 낸 모든 새로운 원자들을 포함해서 어마어마한 양의 빛과 뜨거운 가스를 우주 공간으로 내보냈다. 폭발이 끝난 후, 조지는 그 별이 기이한 색깔과 새로운 물질로 가득 찬 물질, 즉 아름답고 새로운 구름을 남겼

다는 것을 알았다.

"우와와아!"

조지의 입에서 탄성이 절로 튀어나왔다. 마치 세상에서 가장 멋진 불꽃놀이를 보고 있는 것 같았다.

"시간이 지나면 네가 지금 보는 화려한 구름 역시 먼 곳에서 폭발한 별들의 구름과 섞일 거야."

에릭이 설명했다.

"구름이 식으면, 이들 구름에서 나온 모든 가스가 섞여서 또 다른 별이 태어나게 될 훨씬 더 큰 구름을 만든단다. 이들 새로운 별이 나타난 지역 근처에서는 남은 원소들이 모여서 별이 되기엔 너무 작지만 다양한 크기의 천체들을 만들게 되지. 이 천체들 가운데 일부는 큰 덩어리가 될 테고, 시간이 지나면서 이들은 행성이 될 거야. 실제로는, 이 모든 일이 일어나는 데 아주 오랜 시간이 걸린단다. 수천만 년이나 말이야!"

"우아!"

조지는 완전히 넋이 나가 있었다.

"하지만 우린 그렇게 많은 시간을 기다릴 수가 없어. 너는 곧 저녁을 먹으러 집에 가야 하고 말이야."

에릭이 코스모스에게 가더니 자판을 몇 번 두드렸다.

"그러니까 속도를 좀 더 높이도록 하자꾸나. 자, 간다!"

눈 깜짝할 사이에, 에릭이 말한 수천만 년이 휙 지나가 버렸다. 폭발한 수십 개의 별에서 나온 가스가 모여 거대한 구름을 형성하고 있었다. 이 구름 안에서 새로운 별들이 여기저기 나타났고, 마침내 그중 하나가 창문 바로 앞에서 만들어졌다. 그 별은 다른 별들이 보이지 않을 만큼 아주 밝았다. 이 새로운 별에서 어느 정도 떨어진 곳에서는, 구름에서 방출된 가스가 아주 차갑게 식어 갔다. 그리고 서로 결합하면서 얼음투성이 작은 암석들을 형성하기 시작했다. 조지는 암석들 가운데 하나가 창문 쪽으로 곧장 날아오고 있는 것을 발견했다. 에릭에게 조심하라는 말을 하려고 했지만 암석은 너무나 빨리 날아오고 있었다. 조지가 미처 뭐라고 말을 하기도 전에, 암석이 집 전체를 뒤흔들 것 같은 강렬하고 엄청난 소리를 내면서 유리창을 세차게 후려쳤다.

조지는 깜짝 놀라 소파에서 굴러떨어졌다.

"저게 뭐였죠?"

에릭을 향해 소리쳤다.

"어이쿠!"

당황한 에릭이 서둘러 코스모스의 자판을 두드렸다.

"놀라게 해서 미안하구나. 정면충돌을 할 거라는 걸 미처 예상하지 못했단다."

"더 조심하셔야 해요."

코스모스가 지르퉁하게 말했다.

"우리가 사고를 당한 게 한두 번이 아니잖아요."

"방금 그게 뭐였죠?"

조지는 다시 한 번 물었다. 손에는 애니가 두고 간 작은 곰 인형을 움켜쥐고 있었다. 머리가 조금 어찔어찔한 느낌이 들었다.

"작은 혜성이 충돌한 거야."

에릭은 사고를 솔직히 인정했다. 그는 이제 약간 피곤해 보였다.

"미안해, 모두들. 일부러 그런 건 아니니까 이해해 줘."

"작은 뭐라고요?"

조지가 물었다. 이제는 방이 빙글빙글 도는 것 같았다.

에릭은 코스모스에 몇 가지 명령을 입력했다.

"오늘은 이만하면 충분한 것 같구나."

그리고 안경을 벗고 조지의 얼굴을 이리저리 살피며 말했다.

"괜찮니, 조지? 좀 창백해 보이는데."

에릭이 걱정스러운 표정을 지었다.

"이걸 어쩌나, 난 이게 재미있을 거라고 생각했는데. 애니!"

그리고 부엌에 대고 소리쳤다.

"조지한테 물을 좀 가져다줄 수 있겠니? 오, 이런! 이 일을 어쩐다."

애니가 발끝으로 살금살금 걸어 들어왔다. 손에는 물이 가득 담긴 찻잔을 조심스럽게 들고 있었다. 물이 찰랑거리면서 옆으로 조금 흘러넘쳤다. 돼지 프레디는 애니 옆에 착 달라붙어서 흠모하는 눈길로 그 애를 흘끔흘끔 올려다보고 있었다. 애니가 찻잔을 조지의 입에 갖다 댔다.

"걱정 마."

애니가 친절하게 말했다.

"나도 정말로 속이 울렁거렸어. 처음에는 말이야."

그리고 마치 명령하듯 말을 이었다.

"아빠, 이제 조지가 집에 가야 할 시간이에요. 애도 이젠 우주에 대해 충분히 알았을 거예요."

"그래그래, 네 말이 맞는 것 같구나."

에릭이 여전히 걱정스러운 표정으로 말했다.

"하지만 굉장히 재미있었어요!"

겨우 진정된 조지가 힘주어 말했다.

"조금만 더 보면 안 되나요?"

"오늘은 이만하면 충분한 것 같구나."

에릭이 외투를 입으면서 서둘러 말했다.

"내가 너희 집까지 바래다주마. 코스모스, 잠시만 애니를 부탁한다. 자, 조지, 네 돼지를 데려오렴."

"다시 와도 되나요?"

조지는 간절히 물었다.

에릭이 잠시 멈춰서 외투를 입고 열쇠를 챙긴 뒤 신발을 신고는 빙긋이 미소를 지으며 말했다.

"그럼."

"하지만 코스모스에 대해선 아무한테도 말하지 않겠다고 약속해야 해."

애니가 덧붙였다.

"그게 비밀이니?"

조지는 흥분해서 물었다.

"응."

애니가 대답했다.

"네가 전에 들었던 어떤 비밀보다도 몇 겹이나 큰 아주아주 놀라운 비밀이지."

"애니."

에릭이 엄숙하게 말했다.

"겁은 실제의 수가 아니라고 말했잖니. 어서 조지하고 돼지한테 잘 가라고 인사하렴."

애니가 손을 흔들고 조지에게 미소를 지어 보였다.

"잘 가, 조지."

코스모스도 기계 목소리로 인사했다.

"나의 뛰어난 능력을 이용해 줘서 고마워."

"고마워, 코스모스."

조지는 예의 바르게 말했다.

그 말이 끝나기 무섭게 에릭이 조지와 프레디를 복도로 안내해 현관문으로 나간 다음, 지구의 일상으로 다시 돌아가게 했다.

6장

 다음 날 학교에 가서도 조지는 에릭의 집에서 보았던 놀라운 일들에 대한 생각을 멈출 수 없었다. 어마어마하게 큰 구름과 우주와 날아다니는 암석들! 가장 강력한 컴퓨터 코스모스! 게다가 이 모든 일들이 평범한 컴퓨터조차 사 주지 않는 부모를 둔 자신의 옆집에서 일어나고 있다니! 조지는 흥분을 감출 수가 없었다. 이렇게 지루한 교실 책상 앞에 앉아 있자니 더더욱 그랬다.

 조지는 앞에 놓인 노트에 연필로 에릭의 놀라운 컴퓨터를 그려 보려고 했다. 아무것도 없는 허공에 창문을 만들고, 그 창문을 통해 별의 탄생과 죽음을 보여

주는 그런 컴퓨터를 말이다. 하지만 머릿속으로는 완벽하게 떠오르는데도 그림으로 그리기는 굉장히 어려웠다. 조지는 그림을 그렸다가 X자로 쫙쫙 그어 버리고 또 그리기를 되풀이했다. 종이가 너덜너덜해지게 될 때까지.

"아얏!"

갑자기 종잇조각을 뭉쳐 만든 미사일이 뒤통수를 치는 바람에 조지는 소리를 질렀다.

"오, 조지."

리퍼 선생님이었다.

"이제야 좀 정신을 차리고 수업을 듣겠구나. 좋은 일이야."

조지는 깜짝 놀라서 고개를 들었다. 리퍼가 바로 앞에 서서 기름기가 약간 묻은 안경 너머로 조지를 뚫어지게 내려다보고 있었다. 그의 윗옷에는 커다란 파란색 잉크 자국이 있었다. 그걸 보자 조지는 문득 폭발하는 별의 모양이 떠올랐다.

"뭐 할 말이라도 있니?"

리퍼는 조지가 허둥지둥 덮으려고 하는 노트를 자세히 들여다보면서 말했다.

"네가 오늘 유일하게 내뱉은 '아얏!'이라는 단어 말고 말이다."

"아뇨, 없어요."

조지는 기어들어 가는 듯한 떨리는 목소리로 대답했다.

"설마 '리퍼 선생님, 이게 제가 주말 내내 열심히 한 숙제예요.'라고 말하고 싶은 건 아니겠지?"

"음, 그러니까······."

조지는 당황해서 쩔쩔매며 더듬거렸다.

"아니면 '리퍼 선생님, 저는 선생님이 수업 시간에 하신 말씀을 한 마디도 빼놓지 않고 열심히 들었고, 노트에 하나도 빠짐없이 다 받아 적은 데다 부연 설명까지 덧붙였어요. 이게 제가 한 과제예요. 아주 만족하실 거예요.'라든가?"

"어······."

조지는 이 상황을 어떻게 빠져나갈까 생각했다.

"물론 네가 그런 말을 할 리는 없겠지."

리퍼는 느릿느릿 무겁게 말했다.

"결국 나는 고작 선생 나부랭이에 불과하고, 여기 온종일 서서 혼자 신나게 떠들고 있을 뿐이지. 하나라도 더 가르쳐 주려고 애쓰고 있는 나한테서 누구든 뭔가 가치 있는 것을 얻어 가리라는 희망도 없이 말이야."

"선생님의 강의는 열심히 듣고 있어요."

조지는 죄책감을 느끼면서 대꾸했다.

"입에 발린 그런 말은 하지도 마라."

리퍼가 다소 거칠게 말했다.

"그래봤자 아무 소용없을 테니까."

그러곤 홱 돌아서서 쏜살같이 교실을 가로질러 가더니 뒤에 앉아 있는 어떤 남자아이한테서 휴대 전화를 낚아챘다.

"그거 당장 이리 내!"

트위드 재킷을 입은 리퍼는 마치 백 년 전의 사람처럼 말했다. 학생들은 그를 굉장히 두려워했다. 그래서 학생들과 친구가 되려고 애쓰는 선생님들에게 하는 것처럼 리퍼를 화나게 하는 어리석은 행동은 결코 하지 않았다. 리퍼는 새로 부임한 선생님이라 이 학교에 오래 있지는 않았다. 하지만 처음 부임해 온 날부터 그저 학생들을 뚫어지게 쳐다보는 것만으로 교실 전체를 쥐 죽은 듯이 조용하게 만들었다.

리퍼에게서는 현대적이거나 다정하거나 포근한 면을 전혀 찾아볼 수가 없었다. 그가 담임을 맡은 교실은 항상 깔끔하게 정돈되어 있었고, 그가 내 준 숙제는 제때에 어김없이 제출되었다. 심지어 게으르고 반항적인 아이들조차 그가 교실로 걸어 들어오면 몸을 똑바로 하고 조용히 앉아 있었다.

아이들은 리퍼를 '그리퍼'라고 불렀는데, 그것은 그의 연구실 문에 적혀 있는 'DR G. REEPER'라는 명판에서 따온 별명이었다. 혹은 학교의 구석진 곳에서 갑자기 불쑥 나타나곤 하는 그의 이상한 습관 때문에 '갑툭튀(갑자기 툭 튀어나오는) 그리퍼'라고 부르기도 했다.

구두창이 두꺼운 신발에서는 쉭쉭거리는 소리가 났고, 묵은 담배 냄새가 희미하게 풍겼다. 리퍼는 아이들이 은밀한 장난을 꾸미고 있는 곳에 들이닥쳐서는 두 손을 기쁜 듯 비벼 대곤 했다. 그의 두 손은 불에 데인 화상 자국으로 뒤덮여 있었는데, 어쩌다 붉고 비늘처럼 벗겨진 그런 흉터를 갖게 된 건지는 아무도 몰랐다.

"조지, 혹시 네가 오늘 아침 내내 몰두하고 있는 그림이 뭔지 반 아이들에게 말해 줄 수 있겠니?"

리퍼가 막 압수한 휴대 전화를 주머니에 넣으며 말했다.
"그건, 그러니까, 그건……."
조지는 두 귀가 화끈거리고 빨개지는 것을 느끼면서 작은 소리로 중얼거렸다.
"얼른 말해, 조지. 얼른!"
리퍼가 명령했다.
"우린 모두 이게 뭔지 굉장히 알고 싶단다! 그렇지, 애들아?"
그러곤 조지가 그린 코스모스 그림을 모든 아이들이 볼 수 있도록 들어 올렸다.

아이들이 킬킬거리며 웃었다. 아이들은 선생님이 자기가 아닌 누군가를 골라내서 혼내는 걸 재미있어 했다. 순간, 조지는 리퍼가 정말로 미웠다. 다른 아이들 앞에서 창피나 모욕을 당하는 두려움조차 거의 못 느낄 정도로 그를 증오했다. 그래서 불행히도 조지는 에릭과 했던 약속을 잊고 말았다.
"이건 굉장히 특별한 컴퓨터예요."

조지는 큰 목소리로 말했다.

"우주에서 무슨 일이 일어나고 있는지 보여 줄 수 있어요. 그건 제 친구 에릭의 컴퓨터예요."

조지는 리퍼를 날카로운 눈으로 똑바로 쳐다보았다. 검붉은 머리카락 밑에 가려진 조지의 눈빛은 단호했다.

"우주에는 행성과 별과 황금 같은 놀라운 것들이 있어요. 그런 게 항상 날아다니고 있다고요."

물론 마지막 부분은 꾸며 낸 말이었다. 에릭은 우주에 황금이 있다는 말 따위는 한 적이 없었다.

리퍼는 할 말을 잃은 듯했다. 그는 손에 조지의 노트를 들고 입을 헤벌린 채 놀란 표정으로 조지를 쳐다보고 있을 뿐이었다.

"그러니까, 그게 효과가 있었던 거로군."

리퍼가 들릴까 말까 한 목소리로 중얼거렸다.

"그리고 네가 그걸 보았단 말이지. 그거 정말 놀랍구나……."

잠시 뒤, 리퍼는 마치 꿈에서 깨어난 듯 조지의 노트를 탁 덮더니 다시 돌려주고는 교실 앞으로 걸어갔다.

"자, 오늘 행동에 대한 벌로, 너희 모두에게 과제를 주겠다. 각자의 노트에 깔끔하고 똑바로 100번씩 쓰도록 해라. '나는 리퍼 선생님의 수업 시간에는 선생님의 재미있는 수업을 하나도 빠짐없이 들어야 하기 때문에 문자를 보내지 않을 것이다.'라고. 100번이야. 종이 울릴 때까지 끝내지 못하는 사람은 뒤에 남을 수도 있다는 걸 명심해. 그럼, 지금부터 시작!"

교실 여기저기서 투덜거리는 소리가 들렸다. 조지가 리퍼에게 된통 혼나기만을 기다렸는데 엉뚱하게도 모두가 벌을 받고, 조지는 곤경을 면하게 된 게 분했기 때문이다.

"하지만 선생님, 그건 공평하지 않아요."

뒤에 앉은 어떤 남자아이가 불평을 했다.

"인생도 그래."

리퍼가 경쾌하게 말했다.

"그게 내가 너희에게 가르쳐 줄 수 있는 가장 유용한 교훈들 중 하나란다. 그런데 네가 그 교훈을 벌써 이해했다니 정말 자랑스럽구나. 계속해라, 모두들."

리퍼는 그렇게 말하고 단상 앞에 앉았다. 그러고는 복잡한 방정식으로 가득 찬 책을 한 권 꺼내 책장을 휙휙 넘기면서 거만하게 고개를 끄덕였다.

조지는 누군가가 자로 등을 쿡쿡 찌르는 것을 느꼈다.

"이게 다 너 때문이야, 이 자식아."

뒤에 앉은 링고가 씩씩거렸다. 링고는 학

급에서 약한 아이들을 못살게 굴기로 유명한 너석이었다.

"조용!"

리퍼가 읽던 책에서 고개도 들지 않고 무섭게 소리쳤다.

"떠드는 녀석이 한 놈이라도 있으면 200번을 쓰게 할 테니, 그런 줄 알아."

조지는 최대한 속도를 내서 수업이 끝나는 종이 울림과 동시에 깔끔한 글씨로 100번을 다 썼다. 그리고 리퍼의 책상 위에 노트를 가져다 놓기 전에 코스모스를 그렸던 페이지를 조심스럽게 찢어 낸 다음 꼬깃꼬깃 접어서 바지 뒷주머니에 넣었다. 하지만 복도로 채 두 발짝도 떼기 전에 리퍼가 조지를 붙잡았다.

"조지."

리퍼가 매우 심각하게 말했다.

"그 컴퓨터가 정말 있지? 네가 직접 본 거지?"

그의 눈빛이 무시무시하게 번득였다.

"어, 그냥 제가 꾸며 낸 거였어요."

조지는 몸을 비틀어 빼려고 애쓰면서 말했다. 순간, 리퍼에게 그 모든 말을 하지 않았더라면 얼마나 좋았을까 후회가 되었다.

"그게 어디에 있니, 조지?"

리퍼가 느리고 조용한 어투로 물었다.

"그 놀라운 컴퓨터가 어디에 있는지 나한테 꼭 말해 줘야 해. 이건 아주 중요한 일이란다."

"그런 컴퓨터는 없어요."

조지는 리퍼의 팔 밑으로 몸을 피하면서 말했다.

"그런 건 없다고요. 그냥 제가 상상한 거예요. 그뿐이에요."

리퍼가 뒤로 물러서더니 생각에 잠긴 표정으로 조지를 가만히

처다보았다.
"조심해라, 조지."
무섭고 조용한 목소리였다.
"조심해."
리퍼는 그렇게 말하고 천천히 걸어갔다.

7장

　학교에서 집으로 돌아오는 길은 멀고 무더웠다. 뜨거운 초가을 햇볕에 포장도로의 아스팔트가 녹아 발밑에서 끈적거렸다. 조지는 대형 자동차들이 불쾌한 냄새가 나는 연기를 뿜으며 달리는 포장도로를 따라 터벅터벅 걸었다.
　번쩍이는 대형 자동차 뒷좌석에는 학교에서 잘난 척하는 밉살맞은 녀석들이 타고 있었다. 부모들이 집까지 태워 가는 동안 한가롭게 유튜브 동영상을 보면서 말이다. 그중 어떤 녀석들은 차를 타고 지나가면서 조지에게 찡그린 표정을 지으며 집까지 걸어가야 하는 그를 조롱하기도 했다. 또 어떤 녀석들은 자기가 자동차를 타고 재빨리 내달리는 모습을 보면 조지가 기뻐하기라도 할 것처럼 반갑게 손을 흔들기도 했다. 물론 차를 멈추고 선뜻 태워 주겠다는 녀석은 아무도 없었다.
　하지만 오늘은 그런 것에 신경 쓰지 않았다. 집까지 걸어가는 동안 생각할 게 많았고, 게다가 혼자 있는 게 기뻤다. 조지의 머릿속은 우주 공간에 있는 구름과 거대한 폭발과 수백만 년에 걸쳐 만들어지는 별들로 가득 차 있었다. 이런 생각을 하면서 조지는 우주 저 멀리 날아갔다. 그러는 바람에 지구라는 행성에서 살고 있는 그의 삶에서 중요한 사실 하나를 까맣게 잊고 말았다.

"야!"

갑자기 뒤에서 고함치는 소리에 조지의 정신이 번쩍 들었다. 조지는 누군가가 그냥 거리에서 소리치는 것이길, 자기와 전혀 상관없는 소음이길 간절히 바랐다. 그리고 책가방을 가슴 앞으로 바짝 당겨 쥐고 조금 더 빨리 걸었다.

"야!"

다시 고함 소리가 들렸다. 이번에는 조금 더 가깝게 들렸다. 조지는 돌아보고 싶은 충동을 억누르면서 걸음을 재촉했다. 한쪽에는 혼잡한 대로가 있고 또 한쪽에는 공원이 있지만, 어디에도 숨을 곳이 없긴 마찬가지였다. 공원의 나무들은 너무 가늘고 드문드문 있어서 그 뒤에 숨을 수 없었다. 더욱이 덤불숲 근처로 가는 건 좋은 생각이 아니었다.
조지는 뒤따라오는 녀석들에게 질질 끌려가는 일만은 절대 벌어지지 않기를 간절히 바라며 콩닥거리는 가슴을 부여안고 점점 더 빠른 걸음으로 걸었다.

"야, 조지!"

그 고함 소리를 듣자 온몸에 소름이 돋았다. 가장 두려워했던 일이 마침내 현실이 되고 만 것이다. 조지는 링고와 그의 패거리들이 거리에서 붙잡은 아이들에게 어떤 끔찍한 짓을 하는

시 들은 적이 있었다. 눈썹을 싹 밀어 버리는가 하면 거꾸로 매달고, 진흙을 뒤집어씌우고, 팬티만 입힌 채 나무에 올려놓고, 지워지지 않는 펜으로 얼굴에 낙서하고, 유리창을 깨 놓고는 그 책임 떠넘기기 등. 이 모든 게 링고에 대한 공포로 떨고 있는 학교 아이들 사이에 퍼져 있는 이야기였다.

그런데 이 화창하고 나른한 가을날 오후에, 조지는 끔찍한 실수를 저지르고 말았다. 대개 수업이 끝나면 이 덩치 크고 느려 터진 녀석들이 화장실에서 고무줄을 튕기며 노는 동안 쏜살같이 교문을 빠져나와 집으로 향했는데, 오늘따라 너무 천천히 걸어서 링고와 그의 패거리에게 따라잡히고 말았던 것이다. 그리퍼의 수업 시간에 하지 않아도 될 과제를 받게 한 조지에게 화가 난 녀석들이 복수를 하려는 게 분명했다.

조지는 주위를 둘러보았다. 앞에 유모차를 밀고 횡단보도 쪽으로 걸어가는 아주머니들이 보였다. 횡단보도에는 교통정리원이 교통 표지판을 들고 서서 사람들이 건널 수 있도록 차량들을 멈추게 하고 있었다. 조지는 앞으로 허둥지둥 달려가 유모차와 아주머니들 사이로 끼어들었다. 교통정리원이 밝은 노란색 표지판을 들어 올리고 있는 동안, 조지는 천천히 걸어가면서 한 아기 엄마와 동행하는 것처럼 보이려고 애썼다. 그러나 이내 어느 누구도 속이지 못하고 있다는 걸 깨달았다. 조지가 교통정리원 옆을 지나가는데, 그녀가 눈을 찡긋하고는 작은 소리로 속삭였다.

"걱정 마라, 내가 녀석들을 잠시 막아 줄 테니. 하지만 집으로 곧장 달려가야 해. 저 못된 녀석들에게 잡히지 않도록 말이야."

조지가 길 건너편에 다다랐을 때, 놀랍게도 그 교통정리원이 들고 있던 교통 표지판을 내려놓고 선 채 링고와 그의 패거리를 쏘아보았다. 차량들이 다시 요란한 소리를 내면서 출발하기 시작했다. 조지는 악을 쓰는 또 다른 고함 소리를 들으며 힘껏 달렸다.

"왜 그래요! 우리도 길을 건너야 한다고요. 우리노 십에 가서…… 숙제해야 한단 말이에요. 아줌마가 계속 우리를 못 건너가게 하면, 우리 엄마한테 이를 거예요. 그러면 우리 엄마가 와서 아줌마를 가만두지 않을 거예요. 가만두지 않을 거라고요…….”
"말조심해라, 리처드 브라이트.”
교통정리원은 혀를 차며 다시 교통 표지판을 들고 도로로 천천히 내려섰다.
조지는 대로에서 샛길로 들어섰다. 하지만 뒤에서 육중한 발소리가 들리는 것으로 보아 녀석들이 그가 어느 쪽으로 갔는지 알고 있는 게 분명했다. 긴 가로수 길을 내려간 조지는 커다란 저택들에 딸린 정원 뒤로 달려갔다. 하지만 이번에는 조지를 구해 줄 만한 어른이 한 명도 없었다.
조지는 울타리에 있는 문 몇 개를 잡아당겨 보았지만 하나같이 단단히 잠겨 있었다. 당황해서 주위를 돌아보다 좋은 생각이 떠올랐다. 축 늘어진 사과나무의 가장 낮은 가지를 움켜잡고 몸을 위로 쭉 끌어 올린 다음 울타리 꼭대기를 발판 삼아 펄쩍 뛰어넘었다. 하지만 조지가 뛰어내린 곳은 커다란 가시나무 덤불숲이었다. 가시나무에 찔려 상처가 났고, 옷은 여기저기 찢어졌다.

조지는 가시나무 숲에서 조용히 신음하며 누워 있었다. 울타리 반대편에서 링고와 그의 패거리가 잡기만 하면 가만두지 않겠다고 벼르는 소리를 듣자 등골이 오싹해졌다.

조지는 녀석들이 지나갔다는 확신이 들 때까지 조용히 누워 있었다. 이윽고 가시나무 덤불 속에서 뒤엉켜 있는 윗도리를 간신히 벗은 다음, 몸을 버둥거려 자꾸 달라붙는 나뭇가지들을 겨우 빠져나왔다. 바지 주머니에 있던 물건들이 땅바닥에 떨어져 있었다. 조지는 물건들을 주섬주섬 그러모았다. 그리고 덤불숲에서 나와 길고 평탄한 초록빛 잔디밭으로 나갔다. 저만치 있는 접의자에 누워 일광욕을 하던 여자가 소스라치게 놀라서는 검은 선글라스를 위로 들어 올리고 조지를 바라보며 말했다.

"봉쥬르!"

여자가 상냥한 목소리로 인사를 건네고 손가락으로 집 쪽을 가리켰다.

"저 길로 가렴. 문이 잠겨 있지 않으니까."

"오, 메르시."

조지는 자신이 알고 있는 유일한 프랑스어를 기억해 내곤 얼른 말했다.

"그리고, 어, 죄송합니다."

여자 옆으로 쏜살같이 지나가면서 이렇게 덧붙이고 그녀의 집

옆에 있는 통로를 따라 달렸다. 대문을 지나 길로 나온 다음 집을 향해 걸었지만, 왼쪽 발을 삐끗해서인지 약간 절뚝거렸다. 그렇게 절뚝거리며 걷는 동안 길은 아주 조용했다. 그러나 정적은 오래가지 않았다.

"녀석이 저기 있다!"

커다란 외침 소리가 들렸다.

"야, 조지!"

조지는 자신을 부르는 소리를 들었다.

"우리가 널 잡으러 갈 테니 기다려!"

조지는 마지막 남은 힘을 다해 다리를 빨리 움직여 보려고 했지만 마치 모래 웅덩이 속으로 걸어 들어가고 있는 것 같은 느낌이 들었다. 집은 멀리 있지 않았다. 집으로 들어가는 진입로 끝이 저만치 보였다. 하지만 링고와 그의 패거리가 그를 따라잡고 있었다. 조지는 있는 힘껏 앞으로 나아갔다. 그리고 길 위에서 기절할지도 모른다고 생각하는 순간, 모퉁이에 도착했다.

"네 녀석을 가만두지 않겠어!"

링고가 뒤에서 고함쳤다.

조지는 비틀거리며 집으로 가는 길로 걸음을 옮겼다. 호흡이 심상치 않았다. 숨을 헐떡일 때마다 공기가 쉭쉭 소리를 내며 허파 속으로 들어갔다 나왔다 했다. 링고한테서 달아나느라 생긴 상처와 멍들고 부어오른 피부가 점점 아파 왔다. 목은 바싹바싹 타고, 몸은 지칠 대로 지쳐 있었다.

 더 이상은 걸을 수 없다고 느꼈을 때, 마침내 집 앞에 도착했다. 우스운 꼴도 당하지 않고, 또 링고와 그의 끔찍한 패거리한테 잡혀 심한 괴롭힘도 당하지 않고 무사히 자기 집 초록색 정문에 도달한 것이다. 이제 주머니 속으로 손을 뻗어 열쇠를 찾고 문을 열기만 하면 된다.

 그런데 열쇠가 없었다.

 모든 주머니를 샅샅이 뒤졌다. 소중한 물건들―도토리, 외국 동전, 기다란 줄, 색이 바랜 블루택, 빨간색 모형 스포츠카, 잔뜩 보풀린 공―은 모두 있었지만 열쇠만 온데간데 없었다. 울타리를 넘을 때 가시나무 덤불 속에 떨어뜨린 게 틀림없었다. 조지는 엄마가 집에 일찍 와 계시길 바라며 얼른 초인종을 눌렀다.

 딩동 - 딩동 - 딩동!

 또다시 눌렀다. 그러나 여전히 아무런 응답도 없었다.

 조지가 계속 서 있는 걸 보자, 링고는 자신이 이겼다는 걸 깨달은 듯 섬뜩한 미소를 지으며 느릿느릿 걸어오기 시작했다. 녀석 뒤에는 족제비처럼 교활한 얼굴에 단단한 주먹을 가진 그의 친구 세 녀석이 따라오고 있었다.

 조지는 이제 달아날 곳이 없었다. 두 눈을 감고 등을 정문에 기

댄 채 운명을 맞이할 준비를 했다. 속이 울렁거렸다. 조지는 링고를 물러서게 할 말을 생각해 내려고 애썼다. 그러나 기발한 생각은 하나도 떠오르지 않았다. 자기 몸에 손을 댔다간 나중에 혼쭐이 날 거라고 말해 봤자 아무 소용도 없을 것이다. 링고는 조지가 무슨 말을 한다고 해서 그만둘 녀석이 아니었다.

발소리가 멈추자 조지는 무슨 일이 벌어지고 있는지 보려고 한쪽 눈을 살며시 떴다. 링고와 그의 친구들이 중간쯤 걸어오다 멈춰서 조지를 어떻게 처리할지 무슨 모의 같은 것을 하고 있었다.

"아니야!"

링고가 큰 소리로 말했다.

"그건 시시해! 녀석이 우리한테 놔 달라고 빌 때까지 벽에다 힘껏 밀어붙이는 거야!"

그런데 링고가 그 말을 하는 순간, 어떤 일이 일어났다. 링고와 그의 패거리들에게는 그게 꿈인지 뭔지 확신하지 못할 만큼 이상한 일이…….

갑자기 조지네 옆집 문이 벌컥 열리더니 거기서 작은 우주 비행사처럼 보이는 형체가 튀어나온 것이다. 하얀 우주복에 둥근 유리 헬멧을 쓰고 등에 안테나가 붙어 있는 작은 형체가 싸울 자세를 취하면서 길 한복판으로 뛰어나오자 모두 놀라서 한 발짝 뒤로 물러섰다.

"당장 물러서!"

우주복을 입은 형체가 이상한 금속성 목소리로 명령했다.

"그러지 않았다간 너희한테 외계 생물의 저주를 퍼부어 줄 테니까. 그렇게 하면 너희는 단번에 초록색으로 변할 테고 뇌가 부글부글 끓어서 귀 밖으로, 코밑으로 흘러나올 거야. 뼈는 고무로 변하고 온몸에 수백 개의 혹이 자라나겠지. 너희는 시금치와 브로콜리밖에 먹을 수 없을 테고, 눈알이 머리에서 떨어져서 텔레비전도 영영 볼 수 없게 될 거야. 그러니 당장 물러서!"

우주 비행사가 빙빙 돌면서 몇 차례 발차기를 했다. 조지에게는 그 행동이 왠지 친숙해 보였다.

링고와 그의 친구들은 낯빛이 창백해져서는 입을 헤벌린 채 비틀거리며 뒷걸음질 쳤다. 그들은 완전히 겁에 질려 있었다.

"집 안으로 들어가."

우주복을 입은 형체가 조지에게 말했다.

조지는 슬그머니 옆집으로 들어갔다. 조지는 이 작은 우주 비행사가 두렵지 않았다. 헬멧의 유리를 통해 밝은 색 금발이 어렴풋이 보였다.

8장

"휴!"

우주복을 입은 형체가 조지를 따라 집으로 들어오더니 크고 무거운 우주 장화로 현관문을 쾅쾅 두드렸다.

"더워서 죽는 줄 알았네."

그 형체가 둥근 유리 헬멧을 벗고 하나로 묶은 머리카락을 가볍게 털면서 덧붙였다. 무거운 우주복에서 약간 상기된 얼굴이 나왔다. 다름 아닌 애니였다.

"그 애들이 얼마나 무서워하는지 봤어?"

조지에게 이렇게 말하고 애니는 소매로 이마의 땀을 훔치며 환히 웃었다.

"봤냐고?"

그러곤 쿵쿵 소리를 내면서 복도를 따라 성큼성큼 걸어갔다.

"어서 말해 봐."

"음, 봤어. 고마워."

조지는 간신히 이렇게 말하고 애니를 따라 방으로 들어갔다. 그곳은 에릭과 함께 '별의 탄생과 죽음'을 보았던 바로 그 방이었다. 하루 종일 코스모스를 다시 보게 되길 고대했지만 지금은 그저 비참한 기분이었다. 에릭에게 비밀을 지키겠다고 약속해 놓고선 죽도록 싫은 그리퍼에게 코스모스에 대해 말해 버리고 말았다. 또 학교 깡패들한테 쫓기느라 오랜 시간을 헤맨 뒤에야 가까스로 집에 왔고, 게다가 우주복을 입은 어린 여자애의 도움으로 위기를 모면하다니 정말 운이 나쁜 날이었다.

조지와 달리 애니는 무척 즐거워 보였다.

"무슨 생각 해?"

애니가 눈부시게 하얀 우주복을 착착 접고 반반하게 주름을 펴면서 조지에게 물었다.

"이건 새것이야. 우편으로 막 도착했거든."

바닥에는 '우주 모험 알 어스(SPACE ADVENTURES R US!)'라는 문구의 도장이 찍힌 종이 상자가 놓여 있었다. 그 옆에는 훨씬 더 작은 핑크색 우주복이 있었는데, 온통 번쩍이는 금속 조각과 배지와 리본이 매달려 있었다. 때가 덕지덕지 끼고 닳을 대로 닳고 여기저기 기운 흔적도 보였다.

"저건 내 헌 우주복이야."

애니가 설명했다.

"내가 아주 어렸을 때부터 입었던 거지."

그러곤 다소 경멸하는 투로 말을 이었다.

"그땐 저런 걸 다는 게 멋지다고 생각했지만, 지금은 아무 장식도 없는 우주복이 좋아."

"우주복은 왜 갖고 있는 거야?"

조지가 물었다.

"가장무도회라도 가는 거니?"

"그렇다고 볼 수 있지!"

애니가 눈동자를 굴렸다.

"코스모스!"

그 애가 소리쳤다.

"응, 애니."

코스모스가 다정하게 대답했다.

"너는 착하고 아름답고 사랑스럽고 놀라운 컴퓨터야!"

"오, 애니!"

코스모스가 마치 얼굴을 붉히고 있기라도 한 것처럼 스크린이 붉어졌다.

"내가 왜 우주복을 갖고 있는지 조지가 알고 싶대."

"애니가 우주복을 갖고 있는 건 우주로 여행을 하기 위해서야.

온도

- 지구 표면의 평균 온도: 15℃
- 지구상에서 기록된 최저 온도: −89℃, 보스톡, 남극 대륙, 1983년 7월 21일
- 지구상에서 기록된 최고 온도: 56.7℃, 데스밸리, 미국, 1913년 7월 10일
- 달의 표면 온도
  주간 평균: 110℃
  야간 평균: −150℃
- 태양 표면의 평균 온도: 5,500℃
- 태양 중심의 평균 온도: 15,000,000℃
- 우주의 평균 온도: −270.4℃

저 바깥은 굉장히 춥거든. 섭씨로 영하 270도쯤 되지. 우주복을 입지 않으면 순식간에 꽁꽁 얼어붙고 말 거야."

"그래, 하지만……."

조지는 이의를 제기하려 했지만 말을 제대로 맺을 수 없었다.

"나는 아빠와 함께 태양계 주위를 계속 여행하고 있어."

애니가 자랑을 늘어놓았다.

"가끔은 엄마도 같이 가셔. 하지만 엄마는 우주여행 하는 걸 썩 좋아하지 않아."

조지는 정말로 한 방 먹은 느낌이 들었다. 지금은 터무니없는 장난이나 치고 있을 기분이 아니었다.

"거짓말 마."

조지는 지르퉁하게 말했다.

"어떻게 우주에 간다는 거지? 그러려면 우주선을 타야 하는데, 너 같은 꼬맹이는 절대로 태워 주지 않을걸."

조지의 말에 애니가 입을 동그랗게 오므렸다.

"넌 발레리나니 우주 비행사니 뭐니 이런 터무니없는 이야기를 하고, 네 아빠와 코스모스는 네 말을 믿는 척하지만 실은 그렇지 않아."

조지는 계속 말을 이었다. 덥고 피곤하고 간식으로 뭔가 맛있는 것을 먹고 싶었다.

애니가 눈을 깜박였다. 파란 눈이 갑자기 반짝이더니 눈물로 그득해졌다.

"난 거짓말을 꾸며 내고 있는 게 아니야."

애니가 화난 목소리로 말했다. 그 애의 둥그스름한 볼이 훨씬 더 붉게 변해 있었다.

"거짓말이 아니야, 거짓말이 아니라고. 모든 게 사실이야. 꾸며 낸 이야기가 아니야. 난 발레리나고 정말 우주로 여행도 다녀. 잘 봐, 직접 보여 줄 테니까."

애니가 발을 쿵쿵 구르며 코스모스 쪽으로 걸어갔다.

"그리고……."

계속 화를 내며 말했다.

"너도 가는 거야. 그래야 나를 믿을 테니까."

그러곤 소포 상자 속을 마구 뒤적거리더니 또 다른 우주복을 꺼내 조지에게 휙 던졌다.

"입어!"

애니가 명령했다.

"어 – 어."

코스모스가 나직이 중얼거렸다.

애니는 코스모스 앞에 서서 손가락으로 자판을 두드렸다.

"저 애를 어디로 데려가야 하지?"

애니가 물었다.

"이건 좋은 생각이 아닌 것 같은데."

코스모스가 주의를 주었다.

"네 아빠가 뭐라고 하실까?"

"아빠는 모르실 거야."

애니가 얼른 말했다.

"우린 금방 갔다가 올 거야. 2분이면 충분해. 제발, 코스모스!"

애니가 눈물이 그렁그렁한 눈으로 간청했다.

"모두 내가 말을 꾸며 내고 있다고 생각하지만 난 아니라고! 태양계에 대한 말도 사실이고, 내가 거짓말을 하는 게 아니라는 걸 조지한테 보여 주고 싶어."

"알았어, 알았어."

코스모스가 재빨리 말했다.

"제발 내 자판 위에 짠 소금물이나 떨어뜨리지 마. 그게 들어가면 내부가 다 녹슬어 버린단 말이야. 근데 너희는 그저 보기만 할 수도 있어. 난 너희가 실제로 그곳에 가는 걸 원치 않아."

애니가 조지를 향해 홱 돌아섰다. 표정은 사나웠지만 여전히 눈물이 흐르고 있었다.

"뭘 보고 싶지?"

애니가 다그쳐 물었다.

"우주에서 가장 흥미로운 게 뭘 것 같아?"

조지는 열심히 생각했다. 무슨 일이 벌어지고 있는 건지 도무

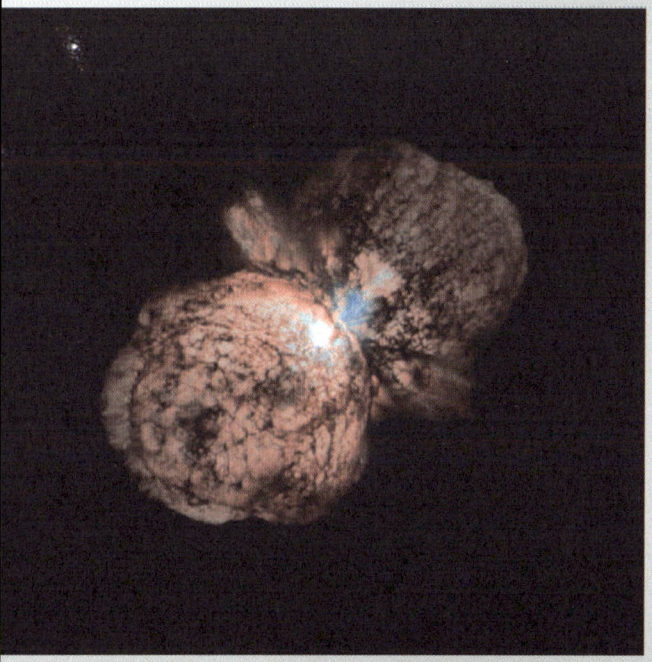

이 두 거대한 둥근 돌출부의 중심에는 태양보다 100배쯤 큰 에타 카리네(용골자리 에타별)라고 불리는 별이 놓여 있다. 빛이 에타 카리네에서 지구까지 여행하는 데는 8,000년이 걸린다.

나선성운은 행성상 성운(수명을 다해 가는 별이 벗어 버린 일련의 껍데기들)이다. 빛이 이 나선성운에서 지구까지 여행하는 데는 약 650년이 걸린다.

PICTURE FILES · COSMOS'S PICTURE

이 행성상 성운(NGC 2440)의 중심에 있는 별은 우리가 알고 있는 가장 뜨거운 별들 가운데 하나로 표면 온도가 200,000℃에 이른다. 이 별은 일생의 말년에 가깝기 때문에, 바깥층들이 떨어져 나가 그 주위를 둘러싸는 가스 구름을 만든다. 빛이 NGC 2440에서 지구까지 여행하는 데는 약 4,000년이 걸린다.

COSMOS'S PICTURE FILES

1996년, 지구에서 1,500만 킬로미터 안쪽을 지나갔던 하쿠타케는 20세기의 가장 밝은 혜성이었다.

핼리 혜성은 약 76년마다 지구에서 볼 수 있다. 이 사진은 1910년에 찍은 것이다.

1986년의 핼리 혜성.

PICTURE FILES·COSMOS'S PICTURE

백조 혜성은 다시는 지구 근처로 올 가능성이 없다. 그 경로로 볼 때 이 혜성은 태양에서 멀리 떨어진 별들 사이의 공간으로 아주 오랫동안 날아간 다음, 또 다른 별에 도달할 것이다.

· COSMOS'S PICTURE FILES · COSMO

2005년 1월 12일, 플로리다의 케이프 커내버럴(케네디 우주 센터가 있는 곳 - 옮긴이)에서 '딥임팩트'라는 우주선이 발사되었다(오른쪽). 이 우주선에는 혜성이 무엇으로 이루어져 있는지를 알아내기 위해 혜성과 충돌하도록 설계된 '템플 1'이라는 '충돌체'가 실려 있었다. 혜성은 초기 태양계의 잔해이므로 그것이 무엇으로 이루어져 있는지를 알면 태양계의 역사에 대한 정보를 얻을 수 있다.

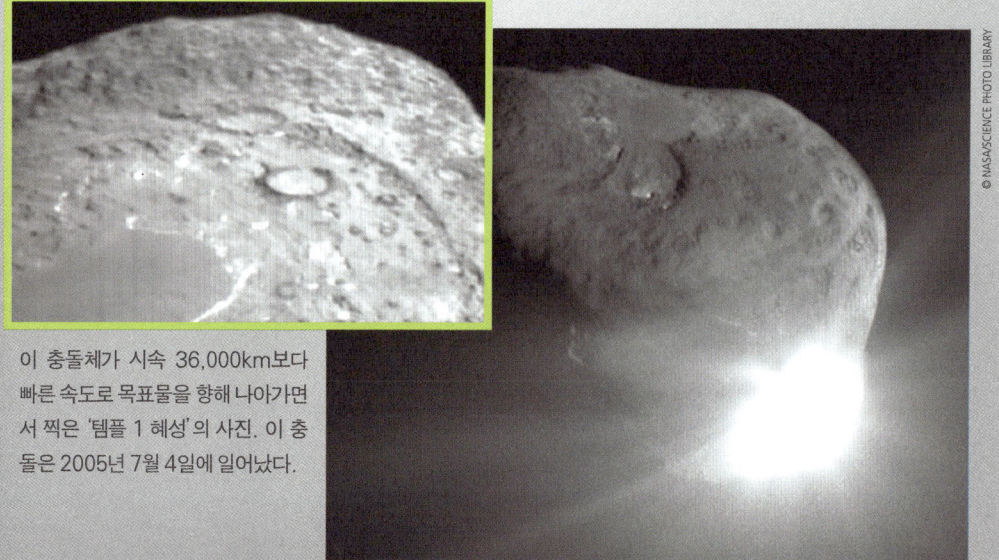

이 충돌체가 시속 36,000km보다 빠른 속도로 목표물을 향해 나아가면서 찍은 '템플 1 혜성'의 사진. 이 충돌은 2005년 7월 4일에 일어났다.

이 충돌체가 '템플 1 혜성'과 충돌한 지 1.67초가 지난 뒤, 딥임팩트 우주선이 그 표면의 폭발 모습을 사진으로 찍었다.

PICTURE FILES · COSMOS'S PICTURE

지금까지 만들어진, 토성의 가장 크고 가장 상세한 실제 모습.

지구에서 작은 휴대용 망원경으로 본 토성의 모습.

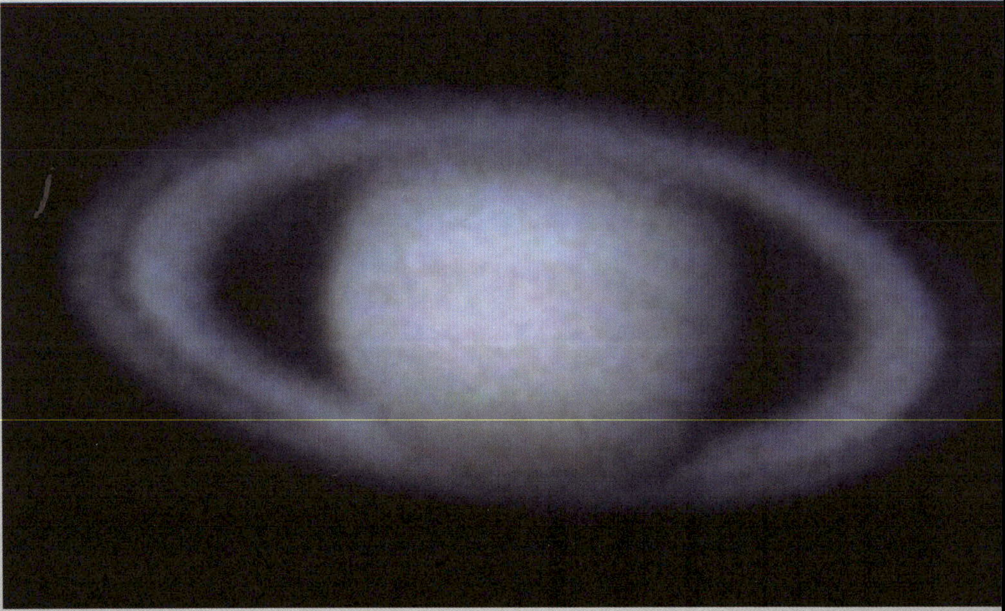

COSMOS'S PICTURE FILES · COSMO

타이탄은 토성의 가장 큰 위성이다. 타이탄은 태양계에서 두꺼운 대기층을 갖고 있는 유일한 위성으로 알려져 있다. 이 사진은 적외선으로 본 모습이다.

레아는 토성의 두 번째로 큰 위성이다. 레아는 지질학적으로 활동을 하고 있지 않은 것처럼 보인다.

이아페투스는 토성의 세 번째로 큰 위성이다. 이 사진은 충돌로 생긴 많은 크레이터(crater)가 있는 '카시니 레지오'로 알려진 지역을 보여 준다.

PICTURE FILES · COSMOS'S PICTURE

디오네는 토성의 네 번째로 큰 위성이다. 디오네의 표면은 주로 물로 이루어진 얼음으로 덮여 있다.

토성의 다섯 번째로 큰 위성인 테티스도 물로 이루어진 얼음으로 구성되어 있다.

이것은 자외선, 가시광선의 초록색 그리고 적외선을 섞어서 만든 토성의 여섯 번째로 큰 위성 엔켈라두스의 합성 사진이다. 엔켈라두스의 표면 온도는 -200℃이지만, 표면 밑에는 물이 있을 것으로 추측한다.

지 알 수가 없었지만, 애니를 이렇게 화나게 하려고 했던 게 아니라는 것만은 확실했다. 조지는 애니가 우는 모습을 보고 싶지 않았다. 게다가 이젠 에릭에게 훨씬 더 미안한 생각마저 들었다. 에릭이 애니가 일부러 조지의 마음을 상하게 하려고 그런 게 아니었다고 말한 게 바로 어제였는데, 애니한테 아주 심술궂게 굴고 말았다. 그래서 어쩌면 같이 놀아 주는 게 나을지도 모른다고 생각했다.

"혜성."

조지는 '별의 탄생과 죽음' 끝부분에서 창문을 세차게 내리쳤던 암석을 떠올리며 이렇게 말했다.

"내 생각엔 혜성이 우주에서 가장 흥미로운 존재인 것 같아."

애니가 코스모스의 자판에 '혜성'이라는 단어를 쳤다.
"우주복을 입어, 조지. 얼른!"
애니가 다급하게 말했다.
"금방 추워질 거야."
그리고 그 말이 끝나기가 무섭게 'Enter'라고 표시된 버튼을 눌렀다.

9장

또다시 모든 게 어두워졌다. 코스모스의 스크린에서 작고 밝은 빛줄기가 방 한복판으로 나와 잠시 떠돌다가는 어떤 모양을 그리기 시작했다. 이번에는 그 빛이 허공에 창문을 만들지 않았다. 어제와는 뭔가 다른 것을 그리고 있었다. 빛줄기가 바닥에서부터 선을 하나 그리고 왼쪽으로 돌아 직선을 완성한 다음 다시 바닥으로 떨어졌다.

"와, 저것 좀 봐!"

조지는 탄성을 질렀다. 이제야 그게 무엇인지 알 수 있었다.

"코스모스가 문을 그렸어!"

"나는 그걸 그리기만 한 게 아니야."

코스모스가 거만하게 말했다.

"난 네가 알고 있는 것보다 훨씬 더 대단하거든. 내가 너희에게 만들어 준 건 출입구야. 그 문은……."

"쉬잇, 코스모스!"

애니가 컴퓨터의 말을 가로막았다. 헬멧을 다시 쓴 애니는 그 안에 있는 송신 장치를 통해 말하고 있었다. 거기서 흘러나온 목소리는 링고와 그의 패거리들을 놀라게 했던 우스꽝스러운 목소리와 똑같았다.

"조지가 그걸 직접 열게 해."

조지는 애니가 던져 준 크고 무거운 하얀색 우주복과 유리 헬멧 속에서 버둥거리고 있었다. 우주복 뒤에 튜브를 통해 헬멧으로 공기를 주입하는 작은 탱크가 붙어 있어서 쉽게 숨을 쉴 수가 있었다. 조지는 애니가 건네준 커다란 우주 장화를 신고 장갑을 낀 다음 앞으로 걸어 나와 코스모스가 만든 문을 살짝 밀었다. 순간 문이 확 열리더니 수백 개의 작은 빛으로 가득 찬 어마어마하게 넓은 공간이 나타났다. 그 작은 빛들은 바로 별이었다. 그중 어떤 별 하나는 다른 별들보다 훨씬 더 크고 밝았다.

"우아!"

조지는 송신 장치를 통해 탄성을 질렀다. '별의 탄생과 죽음' 때는 창유리를 통해 우주에서 벌어지는 사건들을 보았지만, 이번에는 조지와 우주 사이에 아무 장애물도 없었다. 그냥 출입구로 걸어가 가만히 서 있기만 했는데 전혀 낯선 곳에 와 있었다.

"여기가 어디지……? 저게 대체 뭐지? 어떻게……?"

조지는 놀라서 중얼거렸다.

"저기 있는 저 밝은 별을 봐. 네가 볼 수 있는 가장 밝은 별을 말이야."

조지는 코스모스가 말하는 소리를 들었다.

"저건 태양이야. 우리의 태양. 우리가 하늘에 떠 있는 걸 볼 때보다 여기선 더 작게 보이지. 네가 서 있는 출입구가 지구보다 태양에서 훨씬 멀리 떨어져 있는 태양계의 어떤 곳으로 통해 있기 때문이야. 지금 커다란 혜성 하나가 다가오고 있어. 내가 이 장소를 택한 건 바로 저걸 보여 주기 위해서야. 이제 몇 분 있으면 혜성을 보게 될 거야. 제발 문에서 뒤로 물러서 있어."

조지는 한 발짝 뒤로 물러섰다. 그러나 바로 옆에 있던 애니가 조지의 우주복을 붙잡고 다시 앞으로 끌어당겼다.

"제발 문에서 뒤로 물러서 있으라니까. 혜성이 다가오고 있단 말이야."

코스모스는 마치 플랫폼에서 기차의 도착을 알리는 것처럼 말했다.

"제발 가장자리에 너무 가까이 서 있지 마. 혜성이 엄청난 속도로 올 거란 말이야."

애니가 조지를 팔꿈치로 슬쩍 찌르고 한쪽 발로 출입구를 가리켰다.

"애니, 제발 문에서 뒤로 물러서 있어."

코스모스가 되풀이해서 주의를 주었다.

"내가 셋을 세면……."

이렇게 말하고 애니가 손가락 세 개를 들어 올렸다. 조지는 문 너머에서 그들 쪽으로 다가오는 커다란 암석 하나를 볼 수 있었다. 그 암석은 전날 창문을 때렸던 것보다 훨씬 더 컸다.

"이 혜성은 멈추지 않을 거야."

코스모스가 계속 말을 이었다.

"우리 태양계를 곧장 통과할 거야."

애니가 손가락 하나를 구부려 '둘'을 나타냈다. 회색빛이 도는 하얀색 암석이 점점 더 가까이 다가오고 있었다.

"여행 시간은 거의 184년이야."

코스모스가 말했다.

"그 혜성은 토성, 목성, 화성, 지구 그리고 태양을 들를 거야. 그리고 돌아가는 길에 해왕성과 이제는 행성으로 인정되지 않는 명왕성에도 들를 거야."

"코스모스, 우리가 저 혜성이 있는 곳으로 나가면 여행 속도를 높여 줄 수 있어? 그러지 않으면 행성들을 둘러보는 데 몇 달이 걸릴 거야!"

코스모스가 대답하기도 전에 애니가 소리쳤다.

"하나!"

그러곤 조지의 손을 잡고 출입구로 끌어당겼다.

조지가 들은 마지막 소리는 어마어마하게 멀리 떨어진 곳에서 외치는 것 같은 코스모스의 목소리였다.
 "뛰어내리지 마! 그건 안전하지 않아! 돌아-아-아-아-와."
 그리고 정적이 흘렀다.

명왕성

- 2006년 8월 이전에는 태양 주위를 공전하는 행성이 9개 있다고 했다. 수성, 금성, 지구, 화성, 목성, 토성, 천왕성, 해왕성, 명왕성이 그것이다. 이 9개의 천체는 물론 여전히 존재하며 이전의 모습과 정확히 똑같다. 하지만 2006년 8월 국제천문연맹(International Astronomical Union)은 명왕성을 더 이상 행성으로 부르지 않기로 결정했다. 명왕성은 이제 난쟁이 행성(왜행성)으로 불린다.

- 이것은 행성에 대한 정의가 바뀌었기 때문이다. 우주에 있는 어떤 천체가 행성으로 불리기 위해서는 다음의 3가지 규칙을 충족해야 한다.

  1) 행성은 태양 주위의 궤도를 돌아야만 한다.
  2) 행성은 중력이 그것을 거의 둥글게 만들고 계속 그 상태를 유지할 정도로 크기가 커야 한다.
  3) 행성은 태양 주위를 공전하는 동안 그것의 중력이 우주 공간에서 옆에 있는 거의 모든 것을 끌어당겨 그 경로를 깨끗이 치워야만 한다.

- 이 새로운 정의에 따르면 명왕성은 더 이상 행성이 아니다. 명왕성이 태양 주위의 궤도를 돌고 있는가? 그렇다. 명왕성은 거의 둥글며 계속 그 상태로 남아 있을까? 그렇다. 태양 주위의 경로가 깨끗이 치워져 있을까? 아니다. 명왕성의 궤도 경로에는 많은 암석들이 있다. 따라서 세 번째 규칙을 충족시키지 못하기 때문에, 명왕성은 행성에서 난쟁이 행성으로 강등된 것이다.

- 8개의 다른 행성은 3가지 규칙을 충족시키며, 따라서 그대로 행성의 자격을 유지하고 있다. 태양 이외의 다른 별에 있는 행성들에 대해서는 그 천체가 이후에 자라나서 별이 되지 않아야 한다는 추가 필요조건이 국제천문연맹에 의해 합의되었다.

- 태양 이외의 별 주위를 도는 행성은 외계 행성이라고 한다. 지금까지 240개가 넘는 외계 행성이 발견되었다. 그 대부분은 거대해서 지구보다 훨씬 크다.

- 2006년 12월, 코로(Corot)라는 인공위성이 우주로 날아갔다. 코로에 장착된 탐지기들은 지구 크기의 2배 정도되는, 이전보다 훨씬 더 작은 외계 행성도 발견할 수 있을 만큼 뛰어난 성능을 지니고 있다. 그리고 2007년에 그러한 행성 하나가 다른 방법으로 발견되었다. 그 행성은 글리제 581c(Gliese 581c)라고 불린다.

10장

바깥 골목에서, 링고와 그의 패거리들은 마치 어떤 보이지 않는 힘에 의해 포장도로에 들러붙기라도 한 것처럼 여전히 꼼짝 않고 서 있었다.
"아까 그게 대체 뭐였지?"
위펫이라는 이름으로 통하는 작고 비쩍 마른 녀석이 물었다.
"몰라."
탱크라고 불리는 덩치 큰 녀석이 머리를 긁적이며 대답했다.
"하지만 난 전혀 두렵지 않았어."
링고가 반항적으로 말했다.
"나도."
다른 아이들이 합창이라도 하듯 얼른 말했다.
"난 그냥 우주복을 입고 있는 그 이상한 형체와 한마디 하려고 했던 것뿐인데, 그게 글쎄, 겁을 집어먹고 달아나 버렸잖아."

"그래, 그래, 맞아."

친구들이 모두 서둘러 동의했다.

"바로 네가 누군지 알아보았기 때문이야, 링고. 네가 누군지 알아보았기 때문이라고."

"나도 그렇게 생각해."

링고가 계속 말을 이었다.

"네가 초인종을 눌러 봐."

링고는 자기 패거리에 가장 최근 들어온 지트를 손가락으로 가리켰다.

"내가?"

지트가 침을 꿀꺽 삼켰다.

"두렵지 않다고 했잖아."

링고가 말했다.

"두렵지 않아!"

지트가 새된 소리로 말했다.

"그러면 초인종을 누를 수 있겠군. 안 그래?"

"너는 왜 못하는데?"

지트가 반항적으로 물었다.

"왜냐하면 내가 먼저 너한테 시켰으니까. 자, 어서 해 봐!"

링고가 지트를 노려보았다.

"우리 모임에 계속 남고 싶어?"

"응!"

지트가 얼른 대답했다. 그 애는 우주인을 만나서 외계 생물의 저주를 받는 것이 더 나쁠지 링고를 화나게 만드는 게 더 나쁠지 가늠했다. 그리고 결국 불만스럽지만 우주인 쪽을 택했다. 적어도 우주인은 학교에서 매일 만나지는 않을 테니까. 지트는 에릭네 집 정문 쪽으로 불안하게 다가갔다.

"빨리 초인종을 눌러 봐, 지트."

링고가 재촉했다.

"안 그러면 당장 우리 모임에서 쫓아낼 줄 알아."

"알았다고."

지트가 투덜거렸다. 다른 아이들이 모두 뒤로 몇 발짝 물러섰다.
지트의 손가락이 초인종 위에서 맴돌았다.
"링고."
다른 아이들 가운데 하나가 갑자기 말했다.
"문이 열리면 어떻게 할 거야?"
"문이 열리면 어떻게 할 거냐고?"
링고는 질문을 되풀이하면서 대답을 생각해 내려고 애쓰면서 마치 묘안을 찾기라도 하듯 하늘을 올려다보았다.
그러나 미처 어떤 대답을 생각해 내기도 전에, 링고가 고통스러운 비명 소리를 내뱉었다.

"아아아아아아!"

어떤 손이 귀를 잡고 세게 비틀었던 것이다.

"대체 거리를 헤매면서 무슨 짓을 하는 거야, 이 녀석들아?"

엄한 목소리가 말했다. 바로 링고와 조지의 학교 선생님인 리퍼였다. 그는 링고의 귀를 단단히 잡고 놓아줄 생각이 없는 게 분명했다. 소년들은 학교 밖에서 선생님을 만나자 굉장히 당황했다. 선생님들이 다른 삶을 산다거나 학교 교실 이외에 어딘가를 간다고는 상상도 못했다.

"우린 어떤 짓도 하지 않고 있는데요."

링고가 새된 소리로 대답했다.

"내 생각엔 '우린 아무 짓도 안 하고 있는데요.'라는 뜻으로 말한 것 같지만, 아무튼 그건 사실이 아닌 것 같구나."

리퍼가 설교조의 목소리로 말했다.

"네 녀석들은 분명히 뭔가 꿍꿍이속이 있어. 그리고 그 무언가가 연약한 작은 아이들을 골려 주려는 일과 관련이 있다는 걸 내가 알아낸다면, 예컨대 조지가……."

그리고 소년들을 찬찬히 쳐다보았다. 조지의 이름을 언급할 때, 그들 가운데 누구라도 움찔하는 녀석이 있는지 보려는 심산이었다.

"아니에요, 절대 아니에요. 아니라고요."

링고는 리퍼 손에 잡힌 귀가 떨어져 나가지는 않을까 두려워하며 소리쳤다.

"저희는 녀석의 털끝 하나 건드리지 않았어요. 정말이에요. 저희가 녀석을 뒤쫓아온 건 그저 녀석이……."

"도시락 통을 학교에 두고 갔기 때문이라고요."

위펫이 얼른 둘러댔다.

"그래서 녀석이 집에 도착하기 전에 그걸 돌려주고 싶었던 것뿐이에요."

신참 지트가 덧붙였다.

"그래서 전해 주었니?"

리퍼는 험악한 미소를 지으면서 이렇게 묻고 링고의 귀를 약간 풀어 주었다.

"지금 막 전해 주려던 참이었어요."

링고는 즉흥적으로 말을 꾸며 냈다.

"그런데 녀석이 저 집 안으로 들어가 버렸어요."

그러곤 에릭의 집 정문을 손가락으로 가리켰다.

"그래서 지금 막 초인종을 눌러서 녀석한테 그걸 전해

주려던 참이었다고요."

리퍼가 잡았던 귀를 갑자기 놓아 버리는 바람에 링고는 그만 땅바닥으로 철퍼덕 넘어지고 말았다.

"녀석이 저 안으로 들어갔다고?"

링고는 비틀거리며 다시 일어났다.

"네."

모두 일제히 고개를 끄덕였다.

"나한테 조지의 도시락 통을 주렴. 그럼 내가 그 애한테 그걸 전해 주지."

리퍼가 주머니를 뒤적거리더니 5파운드짜리 지폐 한 장을 꺼내 아이들 코앞에서 흔들었다.

"누가 조지의 도시락 통을 갖고 있지?"

링고가 물었다.

"난 아냐."

위펫이 재빨리 말했다.

"나도 아냐."

탱크가 우물거리며 대답했다.

"그럼 네가 갖고 있는 게 틀림없어."

링고가 손가락으로 지트를 가리키면서 말했다.

"난 아냐……. 나, 난 몰라……. 난 그냥……."

지트가 당황해서 말을 더듬었다.

"좋아."

리퍼가 링고와 그의 패거리들을 노려보면서 말했다. 그리고 돈을 다시 주머니 속에 밀어 넣었다.

"그렇다면, 네 녀석들은 당장 사라지는 게 좋을 것 같구나. 내 말 들리지 않니? 당장 꺼지란 말이야!"

링고와 그의 패거리들이 군말 없이 사라지자 리퍼는 길에 서서 혼자 빙긋 웃었다. 그다지 기분 좋아 보이지는 않았다. 길을 오가는 사람이 아무도 없다는 것을 확인한 그는 에릭의 집 현관 창문 앞으로 올라가 안을 흘끔 들여다보았다. 커튼이 내려져 있어서 그 갈라진 틈새로 살펴볼 수밖에 없었다. 별다른 것은 눈에 띄지 않고 그저 집 안의 문간 같은 곳 근처에 서 있는 이상한 모양의 두 개의 형체만 보일 뿐이었다.

"흥미롭군."

리퍼는 혼잣말로 중얼거렸다.

"아주, 아주 흥미로워."

그때, 갑자기 길가의 온도가 급격히 떨어졌다. 마치 북극의 공기가 그 길을 따라 불어오는 것 같은 느낌이 들었다. 그리고 이상하게도, 그 살을 에는 듯한 차가운 바람은 에릭의 집 현관문 밑에서 불어 나오고 있는 것 같았다. 그런데 리퍼가 현관문 밑을 살펴보려고 허리를 굽히는 순간 바람이 멈췄다. 그는 창문 안을 들여다보려고 다시 몸을 돌렸다. 하지만 그때 이미 두 형체는 어디론가 사라졌고 문가에는 아무것도 보이지 않았다.

리퍼는 혼자서 고개를 끄덕였다.

"이건 우주의 냉기야. 분명해. 내가 이걸 얼마나 느끼고 싶어 했던가."

그리고 두 손을 비비며 혼잣말로 중얼거렸다.

"마침내, 내가 에릭 자네를 찾았군! 자네가 언젠가는 다시 돌아올 줄 알았지."

11장

　문지방을 펄쩍 뛰어넘었을 때, 조지는 자신의 몸이 우주의 광활한 어둠 속에서 위로 올라가지도 아래로 내려가지도 않고 허공에 둥둥 떠 있다는 것을 알았다. 조지는 출입구 쪽을 돌아보았다. 하지만 우주 공간에 틀림없이 있던 그 구멍은 마치 전혀 존재하지도 않았던 것처럼 닫혀 있었다. 거대한 암석은 계속 가까워졌고, 이제 돌아갈 방법은 없었다.
　"내 손을 잡아!"
　애니가 조지에게 소리쳤다. 우주 장갑을 낀 애니의 손을 더욱 세게 잡는 순간, 혜성을 향해 떨어지고 있는 것 같은 느낌이 들기 시작했다. 마치 놀이공원에서 빙글빙글 돌아가는 나선식 미끄럼틀을 타고 있기라도 한 것처럼 조지와 애니는 점점 더 빨리 움직이면서 그 거대한 암석과 가까워지고 있었다.
　그들은 발밑에서 태양을 마주하고 있는 그 혜성의 한쪽 부분이

밝게 빛나는 것을 볼 수 있었다.
 그러나 태양 광선이 도달하지 않는 반대편은 어둠 속에 잠겨 있었다. 이윽고 조지와 애니는 먼지로 뒤덮인 두꺼운 얼음층 위에 착륙했다. 운 좋게도 혜성의 밝은 쪽에 내려서 주위에 있는 것을 볼 수 있었다.
 "하-하-하-하-하!"
 애니가 몸을 일으키면서 깔깔대고 웃었다. 그리고 조지를 잡아당겨 일으켜 세우고, 그의 몸에서 더러운 얼음과 부서진 돌멩이들을 털어 냈다.
 "자, 이젠 내 말을 믿겠니?"
 "우리가 지금 대체 어디에 있는 거지?"
 조지가 물었다. 조지는 두려움을 까맣게 잊을 정도로 놀랐다. 몸이 아주 가벼운 느낌이 들었다. 주위로 눈을 돌려 돌멩이와 얼음과 눈과 어둠을 보았다. 자신이 마치 누군가가 우주로 던져 놓은 거대한 눈덩이 위에 서 있는 것 같았다. 별들이 곳곳에서 밝게 빛나고 있었는데, 지구에서 보았던 반짝이는 빛과는 전혀 다르게 활활 타고 있었다.

"우리는 모험을 하고 있는 중이야."

애니가 대답했다.

"혜성 위에서 말이야. 그리고 이건 실제야. 꾸며 낸 이야기가 아니야. 그렇지?"

"그래, 맞아."

조지는 인정하고, 우주복을 어색하게 두드렸다.

"네 말을 믿지 않아서 미안해, 애니."

"괜찮아."

애니가 마음 넓게 말했다.

"아무도 믿지 않는걸, 뭐. 그래서 내가 너한테 직접 보여 주는 거야. 이것 봐, 조지!"

애니가 한쪽 팔을 흔들었다.

"너는 우리 태양계에 있는 행성들을 보게 될 거야."

애니가 우주복의 주머니에서 긴 밧줄 하나를 꺼내기 시작했다. 밧줄 끝에는 텐트의 말뚝 같은 커다란 대못이 붙어 있었다. 애니는 우주 장화로 그 대못을 혜성의 표면 위에 있는 얼음 속으로 밀어 넣었다.

그런 애니를 지켜보면서 조지는 너무 기뻐 펄쩍 뛰었다. 지구에서는 꽤나 무거웠던 우주복을 입고 있는데도, 몸이 너무나 가볍게 느껴지는 것이 믿어지지 않았다. 원하는 높이만큼 얼마든지 뛰어오를 수 있을 것 같은 생각이 들 정도로 몸이 가볍게 느껴졌다. 조지는 또다시 살짝 뛰어서 혜성의 표면 위에 있는 작은 틈새를 건넜다. 하지만 이번에는 몸이 위로 떠올라 앞쪽으로 전진하더니 다시 내려오지 않았다. 마치 엄청 큰 도약을 하고 있는 것처럼 보였다. 아마도 수백 미터는 될 것 같았다! 어쩌면 애니를 찾을 수 없을지도 모른다는 생각이 들었다.

"도와줘! 애니, 도와줘!"

몸이 점점 더 멀리 날아가자 조지는 헬멧을 통해 힘껏 소리쳤다. 두 팔을 허공에서 휘저으며 혜성 위로 내려앉으려고 안간힘을 썼다. 하지만 아무 소용이 없었다. 애니는 이제 멀리 떨어져 있었다. 뒤를 돌아보니, 애니의 모습이 희미하게 보였다. 혜성의 표면이 조지의 발밑으로 빠르게 지나갔다. 여기저기에 구멍과 작은 언덕들이 보였지만, 붙잡을 만한 것은 아무것도 없었다. 그러다 마침내 몸이 아래로 떨어지는 것 같았다. 땅이 점점 더 가까워졌다. 이윽고 땅에 내려선 조지는 혜성의 밝은 면과 어두운 면 경계 근처에 있는 얼음 위로 죽 미끄러졌다. 멀리서 애니가 그를 향해 조심스럽게 달려오는 모습이 보였다.

"내 말이 들리면, 다시는 뛰어오르지 마!"

애니가 아주 다급한 목소리로 반복해서 말했다.

"내 말이 들리면, 다시는 뛰어오르지 마! 내 말이……."

질량

- 물체의 질량은 그것을 움직이거나 그것이 움직이는 방식을 변화시키는 데 필요한 힘을 측정한다. 질량은 종종 물체의 무게를 달아서 측정되기도 하지만, 질량과 무게는 동일하지 않다. 어떤 물체의 무게는 그것이 지구나 달 같은 또 다른 물체를 끌어당기는 힘이므로, 물체들의 질량과 그들 사이의 거리 모두에 의존한다. 산꼭대기에서 무게가 약간 줄어드는 이유는 지구 중심으로부터의 거리가 멀어져 지구가 당기는 힘이 약해졌기 때문이다.

달의 질량은 지구의 질량보다 훨씬 더 작기 때문에, 지구에서 90킬로그램 나가는 우주 비행사가 달에서는 15킬로그램밖에 나가지 않는다. 따라서 달에 있는 우주 비행사들은 정확한 훈련을 받을 경우 지구의 높이뛰기 기록을 경신할 수 있을 것이다.

- 아인슈타인은 1879년에 태어난 독일의 물리학자였다. 그는 '$E=mc^2$'이라는 유명한 공식에 따라 질량과 에너지는 비례하며 등가 관계에 있다는 사실을 발견했다. 여기서 'E'는 에너지이고 'm'은 질량이며, 'c'는 빛의 속도 즉, 광속이다. 광속이 매우 크기 때문에, 아인슈타인을 비롯한 다른 과학자들은 이 방정식으로 원자 폭탄을 만들 수 있다는 사실을 깨달았다. 원자 폭탄에서는 작은 양의 질량이 폭발할 때 매우 큰 에너지로 전환된다.

- 아인슈타인은 또한 질량과 에너지가 공간을 휘어지게 하면서 중력을 일으킨다는 사실도 발견했다.

"그러지 않을게!"

애니가 다가오자 조지는 큰 소리로 대답했다.

"절대로 그러지 마, 조지!"

애니가 단호하게 말했다.

"넌 혜성의 어두운 쪽으로 내려올 수도 있었어. 그러면 내가 영영 너를 찾지 못했을 수도 있다고! 자, 이제 일어나. 장화 밑창에 작은 못들이 박혀 있어."

애니는 무척이나 어른스러워 보였다. 조지가 에릭의 집에서 만났던 장난꾸러기 어린 여자애처럼 보이지 않았다.

"혜성은 지구와 달라. 여기 혜성에서는 지구에서보다 무게가 훨씬 덜 나가서 뛰어오르면 아주, 아주 멀리까지 갈 수 있어. 여기는 다른 세상이야. 어, 저것 좀 봐!"

애니가 화제를 바꾸면서 덧붙였다.

"우리가 딱 알맞게 온 거야!"

"뭐가 알맞게 왔다는 거지?"

조지는 어리둥절한 표정으로 물었다.

"바로 저거 말이야!"

애니가 손가락으로 혜성의 다른 쪽을 가리켰다.

혜성 뒤에는 얼음과 먼지로 이루어진 꼬리가 있었는데, 그 꼬리가 점점 길어지고 있었다. 계속해서 길어지는 꼬리에 멀리 떨어져 있는 태양의 빛이 반사되었다. 혜성이 지나간 길이 빛났다.

마치 우주에서 수천 개의 다이아몬드가 반짝이는 것 같았다.

"정말 아름답다."

조지는 넋이 나간 표정으로 속삭였다.

잠시 동안, 조지와 애니는 아무 말 없이 조용히 서 있었다. 조지는 꼬리가 점점 자라는 걸 지켜보다 그것이 혜성의 밝은 쪽에 있는 작은 조각들로 이루어져 있다는 사실을 깨달았다.

"암석이 녹고 있어!"

조지는 당황해서 애니의 팔을 움켜잡고 소리쳤다.

"아무것도 안 남으면 어떻게 되는 거지?"

"걱정 마."

애니가 고개를 가로저었다.

"우리는 태양에 점점 더 가까워지고 있을 뿐이야. 태양이 혜성의 밝은 부분을 서서히 데우면 얼음이 가스로 변해. 하지만 여기엔 우리가 태양을 아주 여러 번 지나가도 다 녹지 않을 만큼 얼음이 충분하니까 괜찮아. 아무튼 얼음 밑에 있는 암석은 녹지 않을 거야. 그러니까, 우리가 우주로 떨어지는 일은 없을 거란 얘기지. 만약 네가 두려워하는 게 그거라면 말이야."

"두렵지 않거든!"

조지는 잡고 있던 애니의 팔을 황급히 놓으면서 말했다.

"난 그냥 궁금해서 물어본 것뿐이야."

"그럼 더 흥미로운 질문들을 해 봐!"

애니가 새침하게 말했다.

"예를 들면?"

"예를 들면, '혜성 꼬리의 암석 일부가 지구로 떨어지면 무슨 일이 벌어질까?' 같은 거랄까?"

조지는 발로 먼지를 조금 차 내고 마지못해서 말했다.

"좋아, 어떤 일이 벌어지는데?"

"아주 좋은 질문이야!"

애니가 즐거운 목소리로 말했다.

"지구의 대기로 들어가면 암석에 불이 붙어. 그리고 땅에서 올려다보면 우리가 별똥별이나 유성이라고 부르는 것이 되지."

두 사람은 일어나서 혜성의 꼬리가 그 끝을 볼 수 없을 정도로 길어질 때까지 뚫어지게 쳐다보았다. 그런데 한동안 그러고 있자니, 혜성이 방향을 바꾸는 것처럼 보였다. 주변에 있는 모든 별들도 움직이고 있었다.

"무슨 일이 벌어지고 있는 거지?"

조지가 물었다.

"서둘러!"

애니가 대답했다.

"시간이 몇 초밖에 없어. 어서 앉아, 조지."

애니는 얼음 위에 있는 흙먼지를 장갑으로 급히 닦아서 두 개의 작은 공간을 만들었다. 그리고 우주복의 또 다른 주머니에서 등산할 때 쓰는 갈고리처럼 생긴 것을 꺼냈다.

"앉으라니깐!"

애니가 또다시 명령했다. 그러곤 갈고리를 땅속에 고정시킨 다음, 조지의 우주복 죔쇠에 달려 있는 긴 밧줄에 단단히 조였다.

"그냥 무언가가 너를 칠 경우를 대비해서 해 두는 거야."
"예를 들면 뭐가?"
"글쎄, 나도 몰라. 이런 일은 보통 아빠가 하시니까."
애니가 대답했다. 그리고 조지 뒤에 앉아서 자신도 똑같이 했다.
"롤러코스터 타는 거 좋아하니?"
애니가 물었다.
"몰라."
조지는 롤러코스터를 한 번도 타 본 적이 없었다.
"그럼, 이제 곧 그걸 타는 기분이 어떤지 알게 될 거야."
애니가 깔깔 웃으면서 말했다.
혜성은 분명 떨어지고 있었다. 아니 적어도 '아래쪽'인 것처럼

보이는 곳으로 방향을 바꾸고 있었다. 별들이 사방에서 움직이는 모습으로 보아 조지는 혜성이 매우 빨리 떨어지고 있다는 걸 알 수 있었다.

그러나 아무것도 느낄 수가 없었다. 속이 울렁거리지도 않았고, 바람이 옆으로 쌩쌩 지나가지도 않았다. 그건 롤러코스터를 탔을 때 느낄 거라고 예상했던 게 전혀 아니었다. 조지는 우주에서는 사물이 지구에서와 다르게 느껴진다는 사실을 조금씩 깨닫기 시작하고 있었다.

조지는 뭐라도 느낄 수 있지 않을까 잠시 눈을 감았다. 그러나 아무것도 느낄 수가 없었다. 그러다 문득 우주 공간의 무언가가 그들과 혜성을 끌어당겨서, 이렇게 혜성의 방향을 바꾸고 있는

혜성

 혜성은 태양 주위를 여행하는 불규칙한 모양의 커다란 눈덩이다. 혜성은 우리의 태양이 태어나기 훨씬 오래전에 폭발한 별에서 만들어진 원소들로 이루어져 있다. 태양에서 굉장히 멀리 떨어진 곳에는 1000억 개가 넘는 혜성이 우리를 향해 다가오길 기다리고 있다고 한다. 그러나 우리는 혜성이 빛나는 꼬리를 가질 정도로 태양에 충분히 가까이 올 때만 볼 수 있다. 우리는 지금까지 고작 1000개 정도의 혜성밖에 보지 못했다.

 지금까지 알려진 최대 혜성은 지름 32킬로미터가 넘는 중심핵을 갖고 있다.

 혜성이 태양에 가까워지면, 얼음이 가스로 변해서 그 안에 갇혀 있던 먼지를 방출한다. 이 먼지는 아마도 태양계 곳곳에 있는 가장 오래된 먼지일지도 모른다. 그것은 모든 행성들이 태어나기 시작하던 시기인 60억 년도 더 전의 우리 우주에 대한 실마리를 품고 있다.

종종 혜성은 매우 멀리 떨어진 곳에서 태양의 주위를 돈다(지구보다 훨씬, 훨씬 더 멀리 떨어진 곳에서). 때로 그러한 혜성들 가운데 하나가 태양 쪽으로 여행하기 시작한다. 이때는 두 가지 가능성이 있다.

1) 일부는 핼리 혜성처럼 태양의 중력에 잡히게 될 것이다. 이러한 혜성은 그 뒤 완전히 녹거나 어떤 행성과 충돌할 때까지 계속해서 태양 주위를 돌 것이다. 핼리 혜성의 핵은 길이가 16킬로미터 정도 된다. 핼리 혜성은 1986년에 지구 가까이 다가왔으며 2061년에 다시 돌아올 것이다. 태양의 중력에 잡힌 혜성 중 일부는 훨씬 더 긴 주기로 태양 주위로 돌아온다. 예를 들어, 햐쿠타케 혜성은 110,000년 동안 여행한 뒤에 돌아올 것이다.

2) 백조 혜성 같은 일부 다른 혜성들은 속도가 너무 빠르기 때문에 혹은 태양에 충분히 가까이 오지 않기 때문에 결코 돌아오지 않는다. 그런 혜성은 우리 옆으로 한 번 지나간 뒤에는 또 다른 별 쪽으로 아주 오랜 여행을 시작한다. 이러한 혜성은 우주의 방랑자이다. 그들의 성간(星間) 여행은 수십만 년이 걸릴 수도 있으며, 때로는 더 짧게, 때로는 훨씬 더 길게 걸리기도 한다.

게 틀림없다는 사실을 깨달았다. 그리고 혜성을 끌어당기는 그 무언가가 그들이 우주에서 파도타기를 하고 있는 이 혜성보다 훨씬 더 크다는 것을 본능적으로 알게 되었다.

12장

다시 눈을 떴을 때, 조지는 눈앞의 어두운 하늘에서 떠오르고 있는 뭔가를 보았다. 그건 주위에 테가 둘러져 있는 희미한 노란색의 거대한 행성이었다. 그들은 혜성을 타고 나는 듯이 달려 테 바로 위에 있는 한 지점으로 향했다. 멀리서는 그 테가 꼭 부드러운 리본처럼 보였다. 어떤 것은 그 행성처럼 희미한 노란색이고, 또 어떤 것은 더 짙은 색이었다.

"이건 토성이야."

애니가 설명해 주었다.

"그리고 내가 먼저 봤어."

"나도 이게 뭔지는 알아!"

조지가 대답했다.

"그리고 먼저라니, 그게 무슨 뜻이지?

내가 네 앞에 있잖아. 그러니 내가 먼저 보았지!"

"아냐. 넌 보고 있지 않았어. 너무 두려워서 눈을 꼭 감고 있었잖아!"

애니의 목소리가 조지의 헬멧 안에서 울려 퍼졌다.

"아냐 – 아냐 – 아냐."

"아냐, 난 눈을 감고 있지 않았어!"

조지는 계속 우겼다.

"쉿!"

애니가 조지의 말을 가로막았다.

"토성이 태양 주위를 돌고 있는 행성들 가운데 두 번째로 크다는 건 알고 있지?"

"물론 알고 있지."

조지는 거짓말을 했다.

"오, 그래?"

애니가 뜻밖이라는 반응을 보였다.

"그걸 알고 있다면, 어느 게 가장 큰 행성인지도 알겠군."

"그건…… 어…….''

조지는 우물거렸다. 그게 어떤 행성인지 전혀 몰랐다.

"지구 아냐?"

"틀렸어."

애니가 큰 소리로 떠벌렸다.

"지구는 아주아주 작아. 어리석고 작은 너의 뇌처럼 말이야. 지구는 태양계에서 다섯 번째로 큰 행성에 지나지 않아."

"네가 그걸 어떻게 알아?"

"네가 어리석고 작은 뇌를 갖고 있다는 걸 어떻게 아느냐고?"

애니가 건방지게 놀렸다.

"아니, 그게 아니라, 네가 행성들에 대해서 어떻게 아느냐고."

"왜냐하면 난 예전에 우주여행을 아주, 아주 많이 했거든."

애니가 마치 하나로 묶인 머리카락을 뒤로 보내기라도 하듯 머리를 홱 돌리면서 말했다.

"내가 말해 줄 테니까, 잘 들어."

애니가 말을 이었다.

"태양 주위를 도는 행성은 여덟 개가 있어. 네 개는 크고, 네 개는 작지. 거대한 행성은 목성, 토성, 해왕성 그리고 천왕성이야. 하지만 가장 큰 두 개는 다른 두 개보다 훨씬 커서 거대 행성이라고 불러. 토성은 두 번째로 큰 거대 행성이고, 가장 큰 거대 행성은 목성이야. 네 개의 작은 행성은 화성, 지구, 금성 그리고 수성이지."

애니가 손가락을 꼽으면서 계속 말했다.

"지구는 작은 행성들 가운데 가장 크지만, 이 네 행성을 모두 합쳐도 토성에는 못 미쳐. 토성은 이 네 개의 작은 행성을 다 합친 것보다 마흔다섯 배나 더 크거든."

애니는 행성에 대해 자랑스럽게 설명하는 것이 무척이나 즐거운 게 분명했다. 비록 애니가 잘난 척하는 게 못마땅해서 화가 나기는 했지만 조지는 속으로 큰 감명을 받았다.

태양계

- 태양계는 우리 태양의 우주 가족이다. 그것은 태양의 중력에 의해 잡힌 모든 천체들로 이루어져 있다. 즉 행성, 난쟁이 행성, 위성, 혜성, 소행성 그리고 아직 발견되지 않은 다른 작은 천체들이 모두 여기에 속한다. 태양의 중력에 잡힌 천체는 태양 주위의 궤도를 돌게 된다.
- 태양에서 가장 가까운 행성 : 수성
- 수성은 태양으로부터 평균 5700만 9000킬로미터 떨어져 있다.
- 태양에서 가장 먼 행성 : 해왕성
  해왕성은 태양으로부터 평균 45억 킬로미터 떨어져 있다.

 지구와 태양 사이의 평균 거리: 1억 4900만 6000킬로미터

- 행성의 수 : 8개
  태양에서 가까운 순서로 수성, 금성, 지구, 화성, 목성, 토성, 천왕성, 해왕성

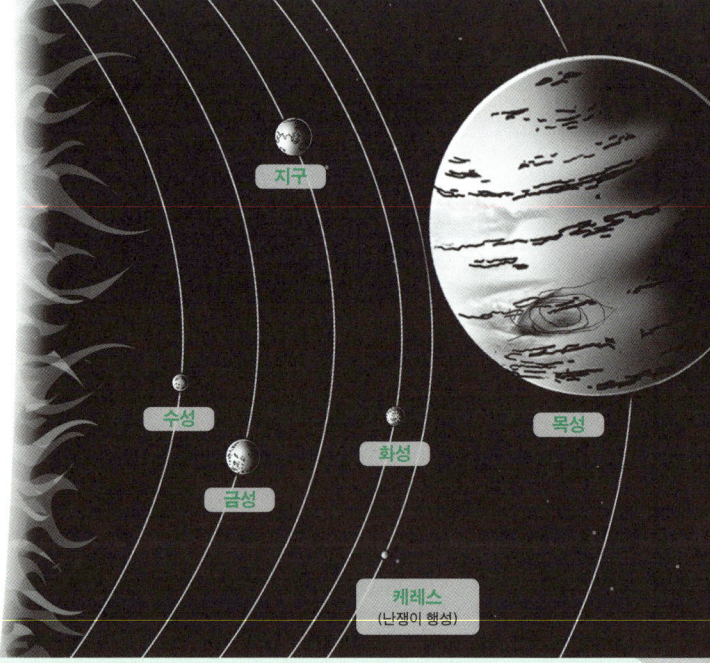

- 난쟁이 행성의 수: 3개
  태양에서 가장 가까운 난쟁이 행성부터 가장 먼 난쟁이 행성까지: 케레스, 명왕성, 에리스
- 지금까지 알려진 행성의 위성 개수: 167개
  수성: 0 금성: 0 지구: 1 화성: 2 목성: 63 토성: 60 천왕성: 27 해왕성: 14
- 지금까지 알려진 혜성의 수: 1000개
  (추산되는 실제 수: 1,000,000,000,000,000개)

지구에서 가장 멀리 날아간 우주선: 약 208억 킬로미터. 2017년 9월 5일에 보이저 1호가 도달한 거리이다. 이것은 지구와 태양 사이의 거리에 약 140배 되는 거리에 해당한다. 태양계를 벗어나 성간 공간으로 진입한 보이저 1호는 여전히 우주를 여행 중이다.

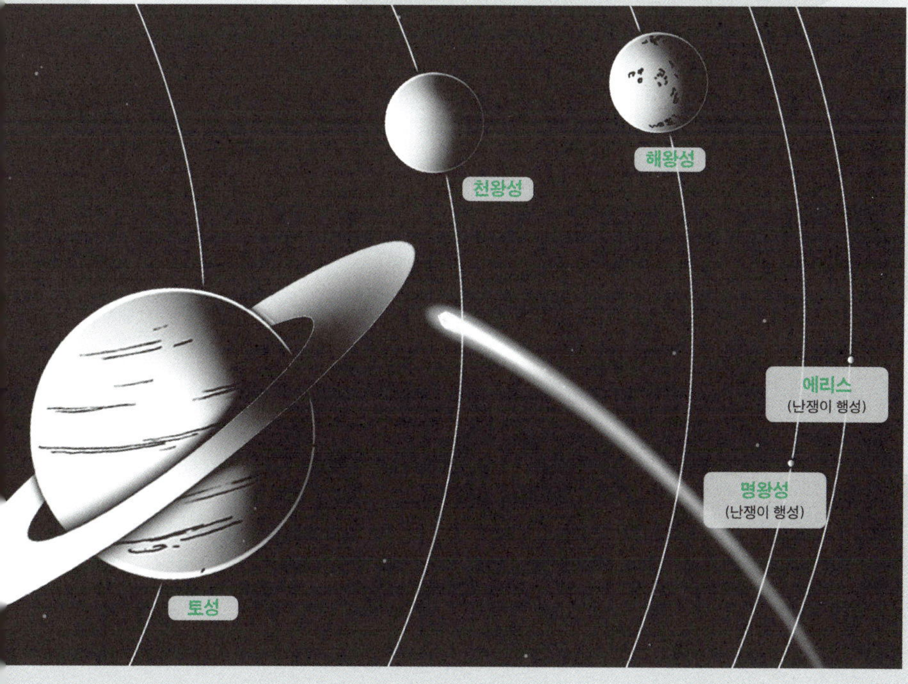

그동안 조지가 했던 일이라고는 뒷마당에서 감자를 캐거나 돼지와 장난을 치며 노는 게 고작이었다. 그건 혜성을 타고 태양계를 여행하는 일에 비하면 정말 아무것도 아니었다.

애니가 말하는 동안에도 혜성은 토성을 향해 점점 더 가까이 날아갔다. 어찌나 가까이 갔던지 조지는 토성의 테가 리본이 아니라 얼음과 암석으로 이루어져 있다는 것을 볼 수 있었다. 그것들은 크기도 모두 달라서 가장 작은 것은 먼지 정도에 불과했고, 가장 큰 것은 길이가 4미터쯤 되었다. 대부분 너무 빨리 움직여서 도저히 잡을 수가 없었다.

바로 그때 조지는 바로 옆에서 조용히 떠다니고 있는 작은 암석 덩어리 하나를 발견했다. 뒤를 흘끗 돌아보았다. 애니는 다른 쪽을 보고 있었다. 조지는 얼른 손을 뻗어 그 암석 덩어리를 우주장갑으로 홱 낚아챘다. 우주의 진정한 보물! 가슴이 쿵쾅쿵쾅 뛰었다. 그 소리가 어찌나 크게 들렸던지 애니가 혹시라도 헬멧에 있는 송신 장치를 통해 그 소리를 들었을까봐 걱정이 되었.

우주의 물건을 집으로 가져가는 게 허용되지 않을지도 모른다는 생각이 들어서 애니가 알아채지 못했기를 바랐다.

"조지, 너 괜찮니?"

애니가 물었다.

"왜 그렇게 몸을 꿈틀거리고 있는 거야?"

조지는 주머니 안에 돌을 쑤셔 넣으려고 애쓰며 애니의 관심을

다른 데로 돌릴 만한 다른 말을 급히 생각해 냈다.

"우리가 왜 방향을 바꾼 거지? 우리가 타고 있는 혜성이 왜 토성 쪽으로 움직인 거지? 왜 계속 똑바로 가지 않는 거지?"

조지는 잘 알아듣지도 못할 정도로 빨리 말했다.

"오, 맙소사. 넌 정말 아무것도 모르는구나. 그렇지?"

애니가 한숨을 푹 내쉬었다.

"나처럼 유용한 과학 지식을 알고 있는 친구를 두었으니 운이 좋은 줄이나 알아."

애니가 잘난 체하며 덧붙였다.

"우리가 토성 쪽으로 움직인 건 우리가 그쪽으로 떨어졌기 때문이야. 사과가 땅으로 떨어지는 거랑 똑같은 이치지. 우리가 여기 도착했을 때 혜성 위로 떨어진 것도, 우주 구름의 입자들이 서로 떨어져서 나중에 별이 되는 커다란 덩어리를 만드는 것도, 모두가 같은 이치야. 우주 곳곳에서 모든 게 서로를 향해 떨어지고 있어. 그런데 이렇게 떨어지는 걸 뭐라고 하는지 아니?"

조지는 전혀 짐작이 가지 않아 잠자코 있었다.

"그걸 중력이라고 해."

"그러니까, 우리가 지금 토성 쪽으로 떨어지고 있는 게 중력 때문이라 이거지? 그러면 충돌은?"

"아냐, 멍청아! 우리는 아주 빨리 움직이고 있어서 충돌하지 않을 거야. 우린 그냥 옆으로 휙 날아가면서 '안녕!' 하고 인사만 하면 돼."

그러곤 토성을 향해 손을 흔들면서 소리쳤다.

"안녕, 토성!"

그 소리가 어찌나 컸던지 조지는 자기도 모르게 손으로 귀를 막으려 했다. 하지만 헬멧 때문에 그렇게 할 수가 없었다.

"소리 지르지 마!"

토성

- 토성은 태양에서 여섯 번째로 가까운 행성이다.
- 태양까지의 평균 거리 : 14억 3000만 킬로미터
- 적도에서의 지름 : 120,536킬로미터. 지구 적도 지름의 9.449배에 해당한다.
- 표면적 : 83.7×지구의 표면적
- 부피 : 763.59×지구의 부피
- 질량 : 95×지구의 질량
- 적도에서의 중력 : 지구 적도 중력의 91.4퍼센트

토성이 태양의 주위를
한 바퀴 도는 데 29.42년이 걸린다.

- 토성은 뜨거운 암석 핵이 액체 금속 층으로 에워싸여 있으며, 이 층은 다시 액체 수소와 헬륨 층으로 에워싸여 있다. 그리고 그 모든 것을 대기가 에워싸고 있다.
- 토성의 대기에서, 풍속은 최고 시속 1,795km까지 기록되었다. 비교해 보면, 지구 상에서 기록된 가장 강력한 바람은 1934년 4월 12일 미국 뉴햄프셔의 워싱턴마운트에서 불었던 시속 371.68km이다. 풍속은 때로 토네이도 내부에서 시속 480km가 넘을 수도 있다고 한다. 이 바람이 아무리 파괴적이라 해도 토성의 바람에 비하면 매우 약하다.

지금까지 토성은 60개의 확인된 위성을 갖고 있다. 그중 7개는 둥글다.
가장 큰 위성인 타이탄은 태양계 안에서 대기를 갖고 있는 것으로 알려진 유일한 위성이다.
부피로 볼 때, 타이탄은 달보다 3배 이상 크다.

"오, 미안해. 일부러 그런 건 아니었어."

토성을 휙 지나가는 동안, 조지는 애니의 말이 옳다는 것을 알았다. 혜성은 이 거대한 행성 위에 떨어지지 않고 바로 옆으로 지나갔다. 약간 멀리 떨어지자, 조지는 토성이 테뿐만 아니라 지구처럼 달을 갖고 있다는 걸 알 수 있었다. 그리고 더 자세히 살펴보는 순간, 자신의 눈을 도저히 믿을 수가 없었다! 조지는 또 다른 달을 보았고, 계속해서 또 다른 달을 보았다. 그리고 토성이 너무 멀어져서 셀 수 없을 정도가 되기까지 총 다섯 개의 커다란 달과 훨씬 더 작은 몇 개의 달을 더 보았다.

'토성은 적어도 다섯 개가 넘는 달을 갖고 있어!' 조지는 속으로 생각했다. 지구 이외의 행성이 달을 가질 수 있다는 사실을 전혀 몰랐었다. 조지가 토성을 존경스러운 눈빛으로 쳐다보는 동안, 테를 가진 이 거대한 행성은 점점 더 작아져서 마침내 별이 빛나는 하늘을 배경으로 하나의 밝은 점이 되었다.

13장

혜성은 다시 직선으로 여행하고 있었다. 그들 앞에 있는 태양은 조금 전보다 더 크고 더 밝았지만 지구에서 보았던 크기에 비하면 여전히 작았다.

조지는 지금까지 한 번도 본 적이 없는 또 다른 밝은 점을 발견했다. 그들이 다가가는 동안, 그 점은 빠르게 커지고 있었다.

"저기에 있는 게 뭐지?"

조지는 전방에서 오른쪽을 가리키며 물었다.

"저것도 행성이니?"

하지만 아무런 응답이 없었다. 뒤를 돌아보니 애니가 사라지고 없었다. 조지는 혜성에 묶여 있던 몸을 풀고 애니

가 얼음투성이 흙에 남긴 발자국을 따라갔다. 몸이 다시 혜성에서 날아오르지 않도록 보폭을 신중하게 조절했다.

　얼음덩이로 된 작은 언덕을 조심스럽게 넘어간 조지는 마침내 애니를 발견했다. 애니는 땅에 난 어떤 구멍 속을 자세히 들여다보고 있었다. 그 구멍 주위에는 혜성에서 떨어져 나온 것 같은 작은 조각들이 있었다. 조지도 그쪽으로 걸어가서 구멍 속을 내려다보았다. 구멍은 깊이가 1미터쯤 되었지만 바닥에는 아무것도 보이지 않았다.

"그게 뭐니?"

조지가 물었다.

"뭘 발견한 거니?"

"뭐, 그냥 걸어와 봤어."

애니가 뚱하게 대답했다.

"왜 말도 없이 갔니?"

조지는 애니의 말을 가로막으며 물었다.

"네가 나한테 소리치지 말라고 고함을 질렀잖아!"

애니가 시큰둥하게 말했다.

"그래서 그냥 혼자 가야겠다고 생각한 거야. 그러면 나한테 화낼 사람이 아무도 없을 테니까 말이야."

"난 너한테 화나지 않았어."

"그랬어! 넌 항상 나한테 화가 나 있어. 내가 너한테 상냥하게 굴든 그렇지 않든 언제나 그렇다고."

"난 화나지 않았어!"

"아냐, 그래!"

애니가 장갑 낀 손으로 주먹을 쥐고 조지를 향해 흔들며 소리쳤다. 그때 이상한 일이 일어났다. 애니 바로 옆에 있는 땅에서 갑자기 가스와 먼지 분수가 세차게 올라왔다.

"자, 네가 무슨 짓을 했는지 봐!"

조지는 투덜거렸다. 그런데 바로 그때 조지 바로 옆에 있는 암석에서 또 다른 작은 분수가 분출했다. 그리고 천천히 흩어지는 먼지 구름이 형성되었다.

"애니, 무슨 일이 벌어지고 있는 거지?"

조지는 걱정스럽게 물었다.

"음, 아무 일도 아니야."

애니가 대수롭지 않게 대답했다.

"괜찮으니까, 걱정 마."

하지만 그다지 확신하는 것 같지는 않았다.

"아까 그곳으로 돌아가서 앉아 있는 게 어떨까?"

애니가 넌지시 제안했다.

"거기가 더 좋아."

다시 걸어가는 동안, 그들 주위에서 작은 먼지 분수가 점점 더 많이 분출해 허공에 희뿌연 먼지를 남겼다. 안전하다는 느낌이

전혀 들지 않았지만 둘 다 그 사실을 인정하고 싶지 않았다. 둘은 아까 있던 곳을 향해 걸음을 재촉했다. 그리고 한마디 말도 하지 않고, 다시 한 번 몸을 혜성에 단단히 묶었다.

하늘에서는 조지가 보았던 반짝이는 점이 훨씬 더 커져 있었다. 마치 붉고 푸른 줄무늬가 있는 어떤 행성처럼 보였다.

"저건 목성이야."

애니가 침묵을 깨고, 작은 소리로 속삭였다. 왠지 조금 전처럼 자신감 있게 젠체하는 목소리가 아니었다.

"행성들 가운데 가장 커. 부피가 토성의 두 배쯤 되지. 지구의 부피보다는 천 배 이상 크고 말이야."

"목성도 달을 갖고 있니?"

조지가 물었다.

"그럼, 갖고 있고말고."

애니가 대답했다.

"하지만 얼마나 많은지는 나도 몰라. 지난번 여기에 왔을 때 세 보지 않아서 확실히는 모르겠어."

"정말로 전에 여길 와 본 적이 있단 말이야?"

조지는 의심스러운 표정을 지었다.

"그랬다니깐!"

애니가 화난 목소리로 말했다. 조지는 그 애의 말을 믿어야 할지 알 수가 없었다.

또다시 혜성과 애니와 조지가 떨어지기 시작했다. 그들이 떨어지는 동안, 조지는 목성을 뚫어지게 쳐다보았다. 토성을 기준으로 보아도 목성은 거대했다.

그때 애니가 손가락으로 목성의 표면에 있는 커다랗고 붉은 점을 가리켰다.

"저건 거대한 폭풍이야."

애니가 설명했다.

"수백 년 동안 계속되고 있어. 어쩌면 훨씬 더 되었을지도 몰

라. 저 폭풍의 크기는 지구의 두 배가 넘어!"

목성에서 멀어지는 동안, 조지는 목성의 달이 얼마나 많은지 세어 보았다.

"커다란 게 네 개 있군."

조지가 말했다.

"커다란 뭐가 네 개 있다고?"

"달 말이야. 목성은 커다란 달 네 개와 아주 많은 작은 달을 갖고 있어. 내 생각엔 토성보다 훨씬 많은 달을 갖고 있는 것 같아."

"아, 그래."

애니가 초조한 목소리로 말했다.

"네가 그렇게 말한다면, 그렇겠지 뭐."

조지는 불안했다. 이렇게 선뜻 동의하는 건 애니답지 않았다. 애니가 옆으로 바짝 다가오더니, 우주 장갑을 낀 손으로 조지의 손을 슬그머니 잡았다. 주위에 있는 암석에서는 온통 가스와 먼지가 솟아오르고, 모두가 하나같이 작은 구름을 뿜어 냈다. 혜성 전체에 엷은 연무(연기와 안개)가 형성되고 있었다.

"너 괜찮니?"

조지가 물었다. 애니는 더 이상 젠체하면서 건방지게 굴지 않았다. 조지는 문득 뭔가가 크게 잘못되었다는 확신이 들었다.

"조지, 난……."

애니가 대답하려는 순간, 그들 뒤에서 거대한 암석이 혜성과 강하게 충돌했다. 마치 지진이라도 난 듯 땅이 흔들리고 훨씬 더 많은 먼지와 얼음이 연무 속으로 퍼졌다.
 위를 올려다본 조지와 애니는 수백 수천 개의 돌덩이가 엄청난 속도로 그들을 향해 다가오고 있는 것을 발견했다. 숨을 곳은 어디에도 없었다.
 "소행성이야!"
 애니가 외쳤다.
 "우리가 소행성 폭풍 속에 있어!"

목성

- 목성은 태양에서 다섯 번째로 가까운 행성이다.
- 태양까지의 평균 거리 : 7억 7830만 킬로미터
- 적도에서의 지름 : 142,984킬로미터. 지구 적도 지름의 11.209배에 해당한다.
- 표면적 : 120.5×지구의 표면적
- 부피 : 1,321.3×지구의 부피
- 질량 : 317.8×지구의 질량
- 적도에서의 중력 : 지구 적도 중력의 236퍼센트
- 구조 : 작은(이 행성의 전체 크기에 비해) 암석 핵이 액체 금속 층으로 둘러싸여 있는데, 이 액체 금속 층은 고도가 증가함에 따라 액체 수소 층으로 완만하게 변한다. 이 액체는 다시 모든 것을 에워싸는 수소 가스로 이루어진 대기로 부드럽게 변한다. 비록 크기는 더 크지만 목성의 전체적인 구성 성분은 토성의 구성 성분과 유사하다.

대적반 / 지구

- 목성 표면의 대적반(Great Red Spot)은 거대한 허리케인 형태의 폭풍으로, 300년 넘게 지속되어왔지만(1655년에 처음 관측), 훨씬 더 오랫동안 존재했을 수도 있다. 대적반 폭풍은 지구 크기의 2배가 넘을 정도로 거대하다. 목성에서의 바람은 종종 시속 1,000km에 달하기도 한다.

- 목성이 태양 주위를 한 번 도는 데는 11.86년이 걸린다.
- 지금까지 발견된 공식적인 목성의 위성 수는 63개이다. 그중 4개는 둥글게 될 정도로 크기가 크며 1610년 이탈리아의 과학자 갈릴레오에 의해 발견되어 '갈릴레오의 위성'으로 알려져 있다. 각기 이오, 유로파, 가니메데, 칼리스토로 불리며 대략 우리의 달과 크기가 같다.

14장

"어떻게 하지?"

조지가 소리쳤다.

"우리가 할 수 있는 일은 아무것도 없어! 아무것도."

애니가 새된 소리로 말했다.

"몸이나 으스러지지 않도록 조심해! 내가 코스모스를 불러서 우리를 데려가라고 할게."

혜성은 소행성들 사이로 믿을 수 없을 만큼 빨리 질주했다. 또 다른 커다란 암석이 그들 바로 앞에서 혜성에 부딪치는 바람에 우주복과 헬멧 위로 작은 돌멩이들이 우수수 떨어졌다. 조지는 헬멧의 송신기를 통해 애니의 비명 소리를 들었다. 그러다 갑자기 비명 소리가 잠잠해졌다. 소음이 마치 라디오를 끄기라도 한 것처럼 멈춰 버렸다.

조지는 송신기로 애니에게 말을 하려고 했다. 하지만 애니는 그의 말을 듣지 못하는 것 같았다. 조지는 애니 쪽으로 고개를 돌렸다. 애니가 유리 헬멧 안에서 무슨 말을 하려고 애쓰는 모습이 보였다. 하지만 조지는 애니가 하는 말을 전혀 들을 수가 없었다. 조지는 최대한 큰 소리로 외쳤다.

"애니! 집으로 가자! 집에 가!"

그러나 아무 소용이 없었다. 그제야 조지는 애니의 헬멧에 있는 작은 안테나가 두 동강으로 뚝 부러져 있는 걸 보았다. 자기 말이 애니한테 들리지 않는 것은 바로 그 때문인 게 틀림없다! 그렇다면 애니가 코스모스한테도 말을 할 수 없다는 뜻일까?

애니는 미친 듯이 고개를 끄덕이며 조지를 단단히 잡고 있었다. 어떻게든 코스모스를 불러서 자신들을 데려가게 하려고 안간힘을 썼지만 컴퓨터가 응답을 하지 않았다. 조지가 걱정한 대로, 애니와 코스모스와 조지를 연결해 주는 장치가 쏟아져 내리는 돌멩이들 때문에 부서져 버린 것이었다.

그들은 소행성 폭풍을 뚫고 날아가는 혜성 위에서 오도 가도 못하고 있었다. 빠져나갈 길이 없는 것처럼 보였다. 조지는 직접 코스모스를 불러 보려고 했다. 하지만 그걸 어떻게 해야 하는지, 심지어 자기가 적당한 장비를 갖고 있는지조차 알지 못했다. 결국 아무런 응답도 받지 못했다. 애니와 조지는 서로 부둥켜안은 채 두 눈을 꼭 감았다.

그런데 폭풍이 갑자기 멈춰 버렸다. 한순간 사방에서 암석들이

혜성을 쿵쿵 내리치더니, 다음 순간 혜성이 폭풍의 반대쪽으로 나온 것이다. 주위를 둘러보던 조지와 애니는 자신들이 탈출하게 된 게 얼마나 운이 좋았는지 깨달았다. 암석들이 우주 공간으로 길게 뻗은 것처럼 보이는 거대한 줄을 형성하고 있었다. 그 암석들은 대부분 컸는데, 혜성이 뚫고 나온 곳을 제외하고는 그 줄을 따라 드문드문 흩어져 있었다. 여기에 있는 암석들은 더 촘촘하게 밀집되어 있긴 해도 훨씬 더 작았다.

하지만 두 사람은 아직 위험했다. 혜성에서 나온 가스들이 곳곳에서 분출하고 있었고 조만간 그들의 발밑에서도 분출하게 될 터였다. 모든 폭발로 인해 주위가 온통 뿌연 연기로 가득 차 있었다. 하늘조차 거의 보이지 않았다. 보이는 거라곤 태양과 서서히 커지고 있는 희미하고 작은 파란색 점이 고작이었다.

　조지는 애니를 향해 고개를 돌리고 앞에 있는 푸른색 점을 가리켰다. 애니가 고개를 끄덕이더니 우주 장갑을 낀 손가락으로 허공에 어떤 단어를 쓰기 시작했다. 조지는 첫 번째 글자인 '지'를 겨우 알아볼 수 있었다. 그 점에 더 가까워지자 혜성이 그쪽으로 살짝 기울어졌다. 순간, 조지는 애니가 말하려고 했던 게 무엇인지 깨달았다. 그것은 바로 지구의 첫 글자인 '지'였다! 조지 앞에 있는 작은 푸른색 점은 지구였다.

　지구는 다른 행성들에 비해 굉장히 작고, 또 굉장히 아름다웠다. 그것은 조지의 행성이자 조지의 집이었다. 지금 당장 그곳으로 돌아가고 싶었다. 조지는 우주 장갑을 낀 손으로 허공에 '코스모스'라고 썼다. 하지만 애니는 고개를 가로젓더니 손가락으로 '안 돼'라고 썼다.

소행성대

🪨 소행성은 태양 주위의 궤도를 돌지만 행성이나 난쟁이 행성으로 불릴 만큼 충분히 크게 그리고 충분히 둥글게 되지 않은 천체이다. 태양 주위에는 수백만 개의 소행성이 있다. 매달 5000개의 새로운 소행성이 발견된다. 소행성의 크기는 몇 센티미터의 작은 암석부터 너비가 최고 수백 킬로미터에 달하는 거대한 암석까지 다양하다.

🪨 태양 주위에는 소행성으로 가득 찬 띠가 있다. 이 띠는 화성과 목성 사이에 놓여 있으며 소행성대라고 불린다. 비록 소행성대에 많은 소행성이 있기는 하지만, 그곳에 있는 소행성 대부분이 외로운 우주 여행자일 정도로 광대하게 멀리 퍼져 있다. 그러나 어떤 장소에서는 다른 곳보다 더 밀집되어 있을지도 모른다.

혜성 위에 있는 그들 주위의 상황은 점점 더 악화되고 있었다. 수백 수천 개의 가스와 먼지 분수들이 곳곳에서 분출됐다. 우주의 표류자가 된 두 사람은 자신들이 빠진 이 무서운 곤경을 어떻게 헤쳐 나가야 할지 모른 채 서로 부둥켜안고 있었다. 먼지와 가스로 된 안개는 이제 지구의 푸른색조차 볼 수 없을 정도로 짙어져 있었다.

'코스모스가 어떻게 우리를 이런 곳으로 내려오게 한 걸까?'

조지가 이게 살아서 하는 마지막 생각이 아닐까 하고 의심하고 있을 때, 갑자기 그들 옆에 있는 땅 위에 빛으로 가득 찬 출입구 하나가 나타났다. 거기서 우주복을 입은 어떤 사람이 나오더니 혜성에 묶여 있는 갈고리를 벗기고 그들을 한 명씩 데려가 그 문으로 던져 넣었다. 잠시 뒤, 애니와 조지는 에릭의 서재 바닥에 쿵, 하고 떨어졌다. 그들을 구해 준 남자가 재빨리 따라와서는 문을 쾅 닫았다. 그러곤 헬멧을 벗고 우주복을 입은 채로 서재 바닥에 큰대자로 뻗어 있는 조지와 애니를 무섭게 쏘아보았다. 남자는 에릭이었다.

에릭이 버럭 고함을 질렀다.

"대체 무슨 짓을 하고 있었던 거야?!"

15장

"대체 무슨 짓을 하고 있었던 거야!"

에릭이 어찌나 무섭게 화를 내던지 조지는 차라리 계속해서 롤러코스터 혜성을 타고 태양의 중심을 향해 곧장 날아가는 게 좋겠다는 생각이 들 정도였다.

"사실, 저희는 지구에 있지 않았어요."

애니가 힘겹게 우주복을 벗으면서 나직이 말했다.

"그건 알고 있어!"

에릭이 꾸짖었다. 조지는 에릭이 화가 좀 풀렸을 거라고 생각했지만 오히려 더욱 흥분해서 금방이라도 폭발할 것처럼 보였다. 혜성에서 그랬던 것처럼 에릭의 양쪽 귀에서 거대한 증기가 폭발하는 걸 볼 수 있을 거라는 생각마저 들었다.

"너는 네 방으로 가라, 애니."

에릭이 명령했다.

"나중에 얘기하자."

"하지만 아빠……."

애니는 에릭의 무서운 눈초리에 이내 조용해졌다. 그리고 무거운 우주 장화를 힘겹게 벗고는 몸을 꿈틀거려 우주복에서 빠져나온 다음 금빛 번개처럼 문으로 향했다.

"잘 가, 조지."

애니가 조지 옆을 지나가면서 작은 소리로 중얼거렸다.

"너는……."

에릭이 험악한 어조로 말했다. 순간, 조지는 겁이 더럭 났다. 그

러나 이내 에릭이 자신에게 말하고 있는 게 아니라는 것을 깨달았다. 에릭이 코스모스에게 다가가더니 컴퓨터 스크린을 험악한 표정으로 쳐다보았다.

"박사님."

코스모스가 말했다.

"저는 그저 보잘것없는 기계에 불과해요. 명령에 복종할 수밖에 없다고요."

"말 같지도 않은 소리!"

에릭이 격렬하게 소리쳤다.

"너는 세상에서 가장 강력한 컴퓨터야! 그런데 달랑 어린애 둘이서만 우주로 여행을 하게 했어. 내가 만약 그때 집에 오지 않았더라면 무슨 일이 일어났을지 누가 알겠어? 넌 그 애들을 말릴 수 있었어! 그리고 당연히 말렸어야 하고!"

"어, 이런! 아무래도 제 시스템이 멈추려는 것 같아요."

코스모스가 이렇게 대답하더니 컴퓨터의 스크린이 갑자기 꺼져 버렸다.

에릭은 두 손으로 머리를 움켜쥐고 비틀거리며 방을 돌아다녔다.

"믿을 수가 없어."

에릭이 혼잣말로 중얼거렸다.

"말도 안 돼. 말도 안 돼!"

큰 소리로 신음하며 괴로워했다.

"정말 최악의 사태야!"

"정말 죄송해요."

조지는 몸 둘 바를 몰라 하며 말했다.

에릭이 홱 돌아서더니 조지를 빤히 쳐다보았다.

"난 널 믿었다, 조지."

에릭이 진지하게 말했다.

"내가 등을 돌리는 순간, 네가 그렇게 출입구를 통해 우주로 몰래 나가리라고 생각했다면 너한테 절대로 코스모스를 보여 주지 않았을 거야. 게다가 어린 애니를 데리고 가다니! 넌 저 밖이 얼마나 위험한지 전혀 몰라."

조지는 이런 말을 듣는 게 너무 부당하다고 소리치고 싶었다. 그건 조지의 잘못이 아니었다. 두 사람을 출입구 밖의 우주로 밀어낸 사람은 조지가 아니라 애니였다. 하지만 조지는 가만히 있었다. 애니는 조지가 굳이 상황을 악화시키지 않아도 큰 곤란에 처해 있었다.

"우주에는 네가 상상도 할 수 없는 것들이 있어."

에릭이 계속 말을 이었다.

"기이하고, 매혹적이고, 엄청나고, 놀라운 일들이. 하지만 위험해. 너무나 위험해. 난 그 모든 것들에 대해 너한테 말해 주려고 했어. 하지만 이제……."

에릭이 고개를 가로저었다.

"너를 집에 데려다주마."

그리고 무서운 말을 덧붙였다.

"네 부모님과 잠깐 얘기를 좀 해야겠구나."

조지가 나중에 안 사실이지만, 에릭은 부모님과 잠깐만 얘기한 게 아니었다. 사실 에릭은 조지의 부모님이 자기 아들에게 큰 실망감을 느끼게 할 정도로 오랜 시간 얘기를 나누었다.

조지의 부모님은 조지를 자연을 사랑하고 과학 기술을 혐오하는 아이로 키우려는 모든 선한 의도에도 불구하고, 에릭의 집에서 컴퓨터를 갖고 놀다가 잡혀 온 아들을 보자 가슴이 아팠다. 더군다나 매우 귀중하고 정교한 컴퓨터를, 아이들이 손을 대서는 안 되는 컴퓨터를 갖고 놀다니!

게다가 조지가 어떤 종류의 게임을 발명해서는(이 부분에 대해 에릭은 다소 모호하게 말했다), 애

니한테도 그 게임을 같이하자고 꼬드겼다고 했다. 매우 위험하고 터무니없는 게임을 말이다. 그 결과 두 아이 모두에게 외출 금지령이 내려졌고 한 달 동안 함께 놀지 못하게 되었다.

"네, 그럴게요!"

조지는 아빠 테렌스한테 어떤 벌을 받아야 하는지를 듣고 이렇게 대답했다. 그 순간만큼은 애니를 다시 보고 싶지 않았다. 그 애는 이미 조지를 너무 많은 곤란에 처하게 했고, 그럼에도 그 모든 비난은 조지의 몫이 되었다.

"그리고……."

테렌스가 덧붙였다. 텁수룩한 수염에 털이 간지럽고 복슬복슬한, 집에서 만든 스웨터를 입은 아빠는 오늘따라 매우 찌무룩하고 초조해 보였다.

"에릭은 나한테 너희 어느 누구도 컴퓨터 근처에 갈 수 없도록 잠금 장치를 해 두겠다고 약속했단다."

"안 - 돼 - 요!"

조지가 소리쳤다.

"아저씨가 그럴 수는 없어요!"

"아냐, 그럴 수 있어."

테렌스는 매우 엄하게 말했다.

"그리고 틀림없이 그렇게 할 거야!"

"하지만 코스모스가 혼자서 외로울 거예요!"

조지는 흥분해서 자기가 무슨 말을 하고 있는지도 몰랐다.
"조지……."
아빠가 걱정스러운 표정으로 말했다.
"넌 지금 우리가 살아 있는 존재에 대해 말하는 게 아니라는 걸 알고 있는 거니? 컴퓨터는 외로울 수 없어. 컴퓨터는 감정이 없단 말이다."
"하지만 그 컴퓨터는 그래요!"
조지가 소리쳤다.
"오, 이를 어쩌니!"
아빠가 한숨을 내쉬었다.
"만약 이런 게 바로 과학 기술이 너한테 미치는 영향이라면, 그것을 가까이하지 못하도록 하려는 우리의 생각이 얼마나 옳은 건지 깨달았을 거다."

조지는 모든 것을 왜곡해서 마치 자기가 항상 옳은 것처럼 생각하는 어른들의 방식에 좌절감을 느끼며 분노했다. 그리고 발을 질질 끌며 계단을 올라가 2층에 있는 자기 방으로 갔다. 이 세상이 갑자기 더할 수 없이 지루한 곳처럼 여겨졌다.

조지는 코스모스를 그리워하게 되리라는 건 알고 있었지만, 애니도 그리워하게 되리라고는 미처 예상하지 못했다. 처음에는 그 애를 보지 못하도록 금지된 게 기뻤다. 어쨌든 하고 싶지 않은 어떤 일을 하지 못하도록 금지하는 벌을 받는 건 좋은 일이니까. 하지만 얼마 뒤 조지는 그 애의 금발을 어렴풋이나마 보기 위해 밖을 내다보고 있는 자신을 발견했다. 너무나 따분했다. 외출 금지령이 내려진 상태라 밖에서 다른 친구들도 만날 수가 없었고, 집에서는 재미있는 일을 할 만한 게 거의 없었다.

엄마는 조지가 욕실에 놓을 깔개를 짜길 바랐고, 아빠는 자가 발전기에 흥미를 갖게 하려고 애썼다. 조지는 열심히 해 보려고 했지만 오히려 더 심심하기만 했다.

그나마 가장 관심을 끄는 것은 과학 탐구 발표 대회를 홍보하

는 학교 포스터뿐이었다. 그 대회의 일등 상이 컴퓨터였던 것이다! 조지는 그 대회에서 꼭 일등을 하고 싶었다. 조지는 우주의 경이에 대해 정말 멋지게 글을 쓰고, 또 혜성을 타고 가면서 보았던 행성들의 모습을 멋지게 그리려고 노력했다.

그러나 아무리 열심히 노력해도, 제대로 표현할 수가 없었다. 모든 게 잘못된 것처럼 보였다. 결국 조지는 좌절감에 빠져 포기하고 체념하면서 따분한 시간을 보냈다.

그러던 중 흥미로운 일이 일어났다. 가장 활기 없고 가장 지루한 하루하루를 보내던 10월의 마지막 날, 잿빛 가을 오후에 조지는 뒷마당을 천천히 거닐다 뭔가 이상한 것을 발견했다. 울타리에 있는 작고 동그란 구멍을 통해 새파란 무언가를 본 것이다. 조지는 울타리로 다가가서 구멍에 눈을 바짝 갖다 댔다. 맞은편에서 날카로운 소리가 들렸다.

"조지!"

귀에 익은 목소리였다. 애니와 눈을 마주하고 있었던 것이다.

"우린 서로 얘기하면 안 돼."

조지는 울타리를 통해 작은 소리

로 속삭였다.

"나도 알아! 하지만 너무 심심해서 견딜 수가 없단 말이야."

"너도 심심했구나! 그래도 너한텐 코스모스가 있잖아!"

"아냐, 그렇지 않아."

애니가 찌무룩하게 말했다.

"우리 아빠가 잠금 장치를 해 놓아서 더 이상 녀석하고 놀 수가 없어."

애니가 코를 훌쩍거렸다.

"아빠는 심지어 오늘 같은 핼러윈 저녁에 동네를 돌아다니면서 사탕도 못 얻게 하셨어."

"나도 마찬가지야."

조지도 투덜거렸다.

"나한텐 아주 예쁜 마녀 복장도 있는데 말이야."

"우리 엄마는 지금 저녁으로 먹을 호박 파이를 만들고 계셔."

조지는 뚱하게 말했다.

"틀림없이 엄청 맛없을 거야. 엄마가 그걸 다 만들면 부엌에 가서 파이 한 조각을 먹어야 해."

"호박 파이!"

애니가 무척 먹고 싶다는 듯이 입맛을 다셨다.

"정말 맛있을 것 같은데. 네가 먹고 싶지 않으면 내가 먹어도 될까?"

"그럼. 하지만 넌 우리 집 부엌에 오면 안 되잖아. 안 그래? 지난번 우리가 같이 놀았던 그 일 때문에……."

"정말 미안해. 혜성을 타고 돌아다닌 것, 소행성에 부딪힐 뻔한 것, 우리 아빠가 너한테 화를 낸 것, 모두 다. 하지만 일부러 그랬던 건 아니야."

조지는 아무 대답도 하지 않았다. 애니를 만나면 따져야겠다고 생각했던 억울한 일들이 많았지만, 막상 그 애와 얼굴을 마주하자 아무 말도 하고 싶지가 않았다.

"아이 참!"

애니가 코를 훌쩍거렸다.

울타리 맞은편에서, 조지는 우는 소리를 들은 것 같았다.

"애니?"

조용히 불렀다.

"애니?"

패애애애앵! 조지는 누군가가 코를 세게 푸는 소리를 들었다.

조지는 울타리를 따라 달려 내려갔다. 아빠는 프레디가 옆집으로 뚫어 놓은 구멍을 수리하기 시작했지만 다른 데 신경 쓸 게 워낙 많아서 그런지 절반쯤 하다가 그 일을 끝내는 걸 까맣게 잊어버리고 있었다. 거기엔 여전히 어린애 하나가 비집고 들어가기에 충분한 크기의 틈이 있었다.

"애니!"

조지는 틈새로 머리를 쑥 내밀었다. 맞은편에 애니가 보였다. 그 애는 소매로 코를 훔치며 눈물을 닦고 있었다. 평범한 옷을 입고 있어서 그런지 애니는 더 이상 이상한 요정이나 우주에서 온 방문객처럼 보이지 않았다. 그냥 외로운 어린 소녀일 뿐이었다. 조지는 문득 그 애가 무척 안쓰럽다는 생각이 들었다.

"자, 어서!"

조지는 부드럽게 말했다.

"얼른 넘어와! 프레디의 우리 속에 함께 숨어 있으면 돼."

"난 네가 날 미워하는 줄 알았는데!"

애니가 재빨리 울타리의 구멍으로 내려오면서 말했다.

"왜냐하면……."

"아, 됐어!"

조지는 마치 그런 생각 따윈 한순간도 해 본 적이 없었던 것처럼 무심하게 말했다.

"만일 내가 어렸다면 신경을 썼겠지."

조지는 짐짓 진지한 표정으로 늠름하게 말했다.

"하지만 난 이제 어린애가 아니야."

"그럼 우리, 친구가 될 수 있는 거야?"

애니가 눈물로 범벅이 된 얼굴로 물었다.

"네가 울타리를 넘어오기만 한다면."

조지는 싱글거리며 놀렸다.

"하지만 너네 아빠가……."

애니가 마음을 정하지 못하고 망설이며 말했다.

"너네 아빠가 또 화를 내시지 않을까?"

"우리 아빠는 외출하셨어. 몇 시간 있어야 돌아오실 거야."

사실, 그날 아침 조지는 외출 금지령이 내려진 게 조금 다행이다 싶었다. 아빠는 토요일이면 이따금 지구 온난화 시위행진에 조지를 데려가곤 했다. 지금보다 더 어릴 때 조지는 그 행진을 무척 좋아했다. 플래카드를 들고 슬로건을 외치면서 마을 한복판으로 걸어가는 게 재미있다고 생각했다. 생태 보호를 위해 싸우는

사람들은 매우 훌륭했고, 종종 조지를 등에 업어 주거나 집에서 금방 만든 김이 모락모락 피어오르는 따끈한 수프를 주곤 했다. 그러나 나이를 조금 더 먹자 행진을 하는 게 약간 창피하게 느껴졌다.

그래서 그날 아침, 아빠가 외출 금지령이 내려졌으니 시위행진에는 참석하지 말라며 집에 있으라고 엄하게 말했을 때, 조지는 아빠의 기분이 상할까 봐 짐짓 슬픈 척하기는 했지만 남몰래 안도의 숨을 내쉬었다.

"어서, 애니. 빨리 들어와."

돼지우리는 앉아 있기에 가장 따뜻한 곳도 가장 편안한 곳도 아니었지만, 어른들의 눈을 피해 숨어 있기엔 더할 나위 없이 좋은 곳이었다. 조지는 애니가 어쩌면 돼지 냄새—실제로는 사람들이 생각하는 것처럼 그렇게 고약하지 않다—때문에 불평을 할지도 모른다고 생각했다. 하지만 그 애는 그저 코만 찡그렸을 뿐 구석에 있는 밀짚 속으로 조용히 다가앉았다. 그곳에는 프레디가 커다란 머리를 발굽 위에 올려놓은 채 깊이 잠들어 있었다. 녀석이 코를 골 때마다 따뜻한 입김이 새어 나왔다.

"그럼 더 이상 모험은 못하는 거니?"

조지는 애니 옆에 앉으며 물었다.

"아무래도 그럴 것 같아."

애니가 운동화를 돼지우리 벽에 문지르면서 말했다.

"아빠는 내가 정말로 충분한 나이가 될 때까지 다시는 우주로 나갈 수 없다고 하셔. 그러니까 스

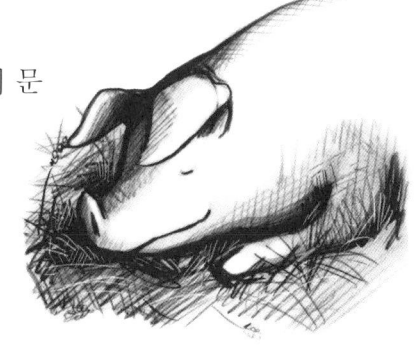

물세 살쯤 될 때까지는 말이야."

"스물세 살? 하지만 그건 한참 멀었잖아!"

"그러니까."

애니가 한숨을 푹 내쉬었다.

"영원히 우주로 나가지 못하는 거나 마찬가지지. 하지만 그래도 아빠는 엄마한테 그 얘길 하지는 않았어. 엄마가 알았다면 정말 화를 내셨을 거야. 난 엄마한테 아빠를 잘 보살펴드리고, 아빠가 어떤 터무니없는 일도 하지 못하게 하겠다고 약속했거든."

"너희 엄마는 어디에 계시는데?"

조지가 물었다.

"우리 엄마는 모스크바의 볼쇼이 발레단에서 '백조의 호수'를 추고 계셔."

애니가 고개를 약간 기울이면서 말했다.

프레디가 자면서 요란하게 코 고는 소리를 냈다.

"말도 안 돼. 그게 거짓말이라는 건 프레디도 알겠다."

"좋아, 사실대

로 말하면, 우리 엄마는 건강이 안 좋은 할머니를 돌봐 드리고 계셔."

"그럼 왜 처음부터 그렇게 말하지 않은 거니?"

"뭔가 다르게 얘기하면 훨씬 더 재미있으니까. 하지만 우주에 대해서는 사실이었잖아. 안 그래?"

"그래, 그랬어. 정말 놀라웠어. 하지만……."

조지는 말을 하다 말고 머뭇거렸다.

"하지만 뭐?"

애니가 프레디의 밀짚으로 새끼줄을 꼬면서 말했다.

"너희 아빠는 왜 거기에 가시는 거니? 내 말은, 왜 코스모스를 갖고 있냐는 거야. 무슨 목적으로?"

"아빠는 우주에서 새로운 행성을 찾고 계셔."

"무슨 새로운 행성?"

조지가 물었다.

"특별한 행성. 사람들이 살 수 있는 행성. 알잖아, 지구가 너무 뜨거워질 경우 사람들이 가서 살 수 있는 행성 말이야."

"와! 그래서 찾으셨니?"

"아직. 하지만 아빠는 계속해서 찾고 계셔. 우주에 있는 모든 은하를 구석구석 말이야. 아빠는 그런 행성을 찾을 때까지 멈추지 않으실 거야."

"정말 굉장하다. 나한테도 모든 우주를 돌아다니게 해 줄 수 있는 컴퓨터가 있다면 얼마나 좋을까. 사실, 난 컴퓨터가 정말로 갖고 싶어."

"컴퓨터가 없단 말이야?"

애니가 놀란 목소리로 말했다.

"어째서?"

"난 지금 컴퓨터를 사려고 돈을 모으고 있어. 하지만 몇 년이 걸려도 그걸 살 만한 돈을 모으지는 못할 거야."

"참 안됐다."

"그래서 과학 대회에 참가할 생각이야. 일등 상이 컴퓨터거든. 정말로 커다란 컴퓨터 말이야!"

"무슨 대회?"

"과학 발표 대회야. 사람들 앞에서 발표를 하는 거야. 그리고 가장 잘한 사람이 컴퓨터를 상으로 받게 돼. 다른 학교에서도 많이 참가할 거야."

"아, 나도 알아!"

애니가 흥분해서 외쳤다.

"나도 우리 학교 아이들하고 그 대회에 갈 거야. 그거, 다음 주 아냐? 나는 다음 주 내내 할머니 집에 머무를 거라 그곳에서 통학을 하게 될 거야. 어쨌든 대회에서 너를 볼 수 있겠구나."

"너도 대회에 나간다고?"

조지는 풍부한 과학 지식과 기발한 상상력, 무엇보다 생생하고 흥미로운 경험을 많이 한 애니가 자신의 발표를 식은 죽만큼이나 시시하게 만들 스릴 만점의 발표를 해서 일등 상을 차지하게 될까봐 갑자기 불안해졌다.

"아니, 그렇지 않아!"

애니가 정색을 했다.

"난 멍청한 컴퓨터 같은 건 타고 싶지 않아. 혹시 멋진 발레 슈즈를 상으로 주면 모를까……. 그런데 뭐에 대해 발표할 건데?"

"저기, 태양계에 대한 이야기를 써 보려고 애쓰는 중이야. 하지만 마음대로 잘 안 돼. 너도 알다시피 내가 태양계에 대해 아는 게 별로 없잖아."

"아는 게 없긴 왜 없어! 넌 어떤 아이들보다도 많은 걸 알고 있어. 태양계의 일부를 실제로 보기도 했잖아. 토성과 목성, 소행성과 심지어 우주에서 본 지구까지!"

"하지만 내가 그 모든 걸 잘못 이해하고 있다면 어떻게 하지?"

"우리 아빠한테 좀 봐 달라고 하면 어떨까?"

애니가 넌지시 제안했다.

"너희 아빠는 나한테 굉장히 화가 나 계시잖아."

조지는 우울하게 말했다.

"날 도와주려고 하지 않으실 거야."

"내가 오늘 저녁에 아빠한테 얘기해 볼게."

애니가 자신만만하게 말했다.

"그런 다음 네가 월요일 방과 후에 우리 집에 와서 아빠한테 말씀드려 봐."

바로 그때 지붕 위에서 부드럽게 톡 치는 소리가 들렸다. 이어서 돼지우리의 문이 확 열리자 두 아이는 깜짝 놀랐다.

"애들아?"

상냥한 목소리가 말했다.

"우리 엄마야!"

조지는 애니에게 소곤거렸다.

"어쩌면 좋아!"

애니도 작은 소리로 속삭였다.

"장난을 쳐서 골려 줄까, 아니면 먹을 것을 줄까?"

조지의 엄마 데이지가 말했다.

"먹을 것을 주실래요?"

조지는 희망을 안고 말했다. 애니도 고개를 끄덕였다.

"2인분?"

"네."

조지가 대답했다.

"저하고…… 어, 프레디 거요."

"프레디는 여자아이 이름이 아닌 것 같은데."

데이지가 말했다.

"오, 제발, 아줌마!"

애니가 더 이상 조용히 있을 수 없다는 듯 소리쳤다.

"조지를 더 큰 곤경에 빠뜨리지 말아 주세요! 그건 조지 잘못이 아니에요!"

"걱정 마라."

데이지가 미소를 지으며 상냥한 목소리로 말했다.

"난 너희가 함께 놀 수 없다는 게 말도 안 된다고 생각해. 너희에게 주려고 간식을 가져왔단다. 맛 좋은 브로콜리 머핀과 호박 파이를 말이야!"

애니가 기뻐서 환성을 지르더니 접시에 담긴 이상한 모양의 울퉁불퉁한 빵을 정신없이 먹기 시작했다.

"고맙습니다!"

그리고 머핀을 한입 가득 문 채 중얼거렸다.

"이렇게 맛있는 건 처음이에요!"

16장

한편, 마을 반대편에서 조지의 아빠 테렌스는 열심히 생태 보호 시위행진을 벌이고 있었다. 생태 보호 운동가들이 커다란 플래카드를 들고 슬로건을 외치며 거리를 가로지르자 사람들이 한쪽으로 물러났다.

"지구가 죽어 가고 있습니다!"

시위대가 시장 광장으로 행진하면서 외쳤다.

"비닐봉지를 재활용하고, 자동차를 금지합시다!"

그들은 놀란 행인들에게 계속해서 소리쳤다.

"지구의 자원 낭비를 중단합시다!"

시위대가 광장 한복판에 도달했을 때, 테렌스가 연설을 하기 위해 어떤 동상의 기단으로 펄쩍 뛰어올랐다.

"지금이 바로 고민을 해야 할 때입니다! 내일은 늦습니다!"

테렌스가 연설을 시작했다. 그러나 아무도 연설을 귀담아듣지 않자 그의 동료 중 하나가 확성기를 건네주었다.

"지구를 구할 시간이 얼마 없습니다!"

이번엔 그곳에 있는 모든 사람이 들을 수 있을 만큼 큰 소리로 되풀이해서 외쳤다.

"만약 지구의 온도가 계속해서 증가할 경우 금세기 말쯤이면 홍수와 가뭄으로 수천 명이 사망할 것이며, 2억 명 이상이 집을 버리고 피난해야 할 것입니다. 세계의 대부분 지역은 사람이 살 수 없는 곳이 될 것이며, 식량을 생산할 수 없게 되어 사람들이 굶어 죽게 될 것입니다. 과학 기술은 우리를 구할 수 없을 것입니다. 왜냐하면 그러기엔 너무 늦기 때문입니다!"

많은 군중이 박수를 치면서 고개를 끄덕였다. 테렌스는 무척 의외라는 느낌이 들었다. 그는 아주 여러 해 동안 이런 행진에 참여해 전단을 뿌리고 연설을 해 왔다. 그리고 자신을 무시하거나 미쳤다고 말하는 사람들에게도 익숙했다. 그가 사람들이 자동차를 너무 많이 소유하고, 너무 많은 오염을 일으키고, 에너지를 소비하는 기계에 너무 많이 의존하고 있다고 믿고 있으니 그럴만도 했다.

그런데 지금, 갑자기 사람들이 그가 그토록 오랫동안 얘기해 온 생태적 공포에 귀를 기울이고 있었다.
"극지방의 만년빙이 녹아내리고, 바다의 수위가 올라가고, 기후가 점점 더 따뜻해지고 있습니다."
테렌스는 연설을 계속했다.
"과학과 기술의 진보가 우리의 행성 지구를 파괴시키고 있습니다! 이제 우리가 지구를 구할 방법을 찾아내야 합니다!"
토요일을 맞아 쇼핑을 즐기던 사람들이 걸음을 멈추고 그의 연설을 듣고 있었다. 그들에게서 작은 환호성이 터져 나왔다.
"이제 우리의 행성을 구할 때입니다!"

테렌스가 외쳤다.
"우리의 행성을 구합시다!"
이번엔 운동가들이 소리쳤다. 쇼핑하러 나온 사람 중 한두 명이 그 목소리에 합류했다.
"우리의 행성을 구합시다! 우리의 행성을 구합시다!"
더 많은 사람들이 환호를 보내자 테렌스는 승리의 표시로 두 손을 번쩍 들어 올렸다. 흥분이 밀려왔다. 마침내 사람들이 이 지구가 처한 무서운 상황에 조금씩 주목하기 시작했다.
문득, 대중을 일깨우기 위해 애쓰면서 보냈던 그 모든 세월이 전혀 헛된 건 아니었다는 생각이 들었다. 그것이 효과를 나타내

기 시작하고 있었다. 생태를 보호하려는 모든 단체들이 그동안 벌였던 노력이 헛된 것은 아니었다.

그런데 환호 소리가 잦아들고, 테렌스가 다시 연설을 하려는 순간, 난데없이 커다란 커스터드 파이가 군중들 머리 위로 날아오더니 그의 얼굴을 정면으로 쳤다.

한순간, 그 충격으로 주위가 조용해졌다. 그리고 잠시 뒤, 초라한 모습으로 서 있는 테렌스를 본 사람들이 갑자기 와락 웃음을 터뜨리기 시작했다. 그의 수염에서 액체 같은 크림이 뚝뚝 떨어지고 있었다. 그때 핼러윈 복장을 입은 남자아이들이 사람들을 헤치고 광장에서 달아나는 게 보였다.

"저 녀석들을 잡으시오!"

군중 속에서 누군가가 소리쳤다. 그는 배꼽을 잡고 웃으면서 달아나는 가면 쓴 소년들을 가리키고 있었다.

  하지만 테렌스는 전혀 신경 쓰지 않았다. 사실, 연설을 하다가 사람들이 던진 물건에 맞은 게 이번이 처음은 아니었다. 사람들에게 지구가 직면한 위험을 이해시키려고 애쓰다 체포되고, 난폭하게 떠밀려 쫓겨난 것도 여러 번이었다. 그러니 커스터드 파이에 맞았다고 해서 크게 당황할 건 없었다.

  테렌스는 묵묵히 눈에 묻은 끈적거리는 크림을 닦아 내고 계속해서 연설할 준비를 했다.

  다른 생태 보호 운동가 몇몇이 그 악마와 귀신, 좀비 무리를 잡으러 쫓아갔지만, 비틀거리며 달리고 숨만 헐떡이다 이내 놓치고 말았다.

  어른들이 추격을 포기했다는 걸 알고 소년들은 멈추어 섰다.

"하-하-하-하."

무리 중 하나가 킬킬거리며 좀비 가면을 벗자 링고의 얼굴이 드러났다. 그 애의 실제 얼굴은 고무 가면보다도 훨씬 더 흉악해 보였다.

"정말 멋졌어!"

위펫이 흑백의 스크림 가면을 벗으면서 말했다.

"링고, 너 파이 한번 기차게 던지더라!"

"그래!"

커다란 악마가 꼬리를 살랑거리고 삼지창을 흔들면서 맞장구쳤다.

"네가 그 사람 코에 정통으로 맞혔잖아. 멋졌어!"

커다란 덩치로 보건대, 탱크가 틀림없었다. 그 아이는 왠지 몸이 끊임없이 자라고 있는 것 같았다.

"난 핼러윈이 너무 좋아."

링고가 즐겁게 말했다.

"우리가 그랬다는 걸 아무도 모를 거야!"

"다음엔 뭘 하지?"

드라큘라 복장을 했던 지트가 새된 소리로 물었다.

"글쎄, 파이는 다 떨어졌고……."

링고가 말했다.

"이제 다른 장난을 좀 치러 가자. 재미있는 걸로 말이야. 나한테 좋은 생각이 있거든."

그날 오후 늦게까지 소년들은 그들의 작은 마을에 사는 몇몇 사람들에게 짓궂은 장난을 쳐서 놀라게 했다. 한 노파에게 장난감 총으로 색깔 물을 쏘는가 하면, 어린 꼬마들에게 보라색 밀가루를 뿌리기도 했고, 주차된 자동차 밑에서 폭죽을 터뜨려 차 주인으로 하여금 그들이 자기 자동차를 폭발시켜 버릴지도 모른다는 생각을 하게 만들기도 했다. 그들은 매번 있는 대로 말썽을 피

우고는 잡히기 전에 재빨리 달아났다.

그들은 이제 저택들이 띄엄띄엄 서 있는 마을 변두리에 도착했다. 아담하고 작은 주택들이 줄지어 늘어선 좁은 거리 대신, 집들은 더 크고 훨씬 더 멀리 떨어져 있었다. 이런 집들 앞에는 초록빛 잔디밭과 커다란 울타리가 있고, 걸을 때마다 저벅저벅 소리가 나는 자갈 차도도 있었다.

날은 점점 어두워지고 있었다. 휑한 창문과 기둥과 커다란 현관문이 달린 이 거대한 저택들 중 일부가 희미한 빛 속에서 무척이나 섬뜩하게 보이기 시작했다. 그런 저택들은 대부분 어둡고 조용해서 소년들은 굳이 초인종을 누르려고도 하지 않았다.

장난을 포기하고 돌아가던 그들은 그 마을에서 가장 외딴곳에 있는 집에 다다랐다. 이 거대한 저택에는 탑과 허물어져 가는 동상들이 아무렇게나 흩어져 있고 낡은 철문이 경첩에 대롱대롱 매달려 있었다. 1층에 있는 창문에서는 밝은 빛이 흘러나왔다.

"마지막 집이야!"

링고가 기분 좋게 말했다.

"진짜 제대로 된 장난 한번 쳐 보자. 준비 됐지?"

패거리는 가지고 다니던 가짜 무기를 챙기고 링고를 따라 허둥지둥 잡초가 무성한 진입로로 올라갔다.

그 집에 다다랐을 때, 이상한 달걀 냄새가 났다. 냄새는 현관문으로 다가갈수록 점점 더 강해졌다.

"피유!"

거대한 악마가 코를 잡고 말했다.

"누가 뀐 거야?"

"난 아냐!"

지트가 머리까지 설레설레 저으면서 말했다.

"냄새를 맡은 사람이 뀌었겠지."

링고가 험악하게 말했다. 냄새는 이제 참을 수 없을 만큼 심해져서 숨조차 쉬기가 힘들었다. 현관문에서는 페인트가 마치 리본 모양처럼 떨어지고 있었다. 살금살금 문 쪽으로 다가갈수록 공기가 탁하고 흐려졌다.

링고가 손으로 입과 코를 막은 채 앞으로 다가가 크고 둥근 초인종을 눌렀다. 초인종이 거의 사용되지 않았는지 슬프고 외롭게 땡그렁대는 소리를 한 번 냈다. 끼익, 문이 열리면서 좁은 틈새로 노란빛이 도는 잿빛 연기가 소용돌이치며 흘러나오자 소년들은 소스라치게 놀랐다.

"누구시오?"

어딘지 귀에 익은 불쾌한 목소리가 물었다.

"장난을 쳐서 골려 줄까요, 아니면 먹을 것을 줄래요?"

링고가 거의 말문이 막혀서 끽끽거리는 소리를 냈다.

"장난을 쳐서 골려 줘!"

그 목소리가 문을 활짝 열면서 외쳤다. 순간, 소년들은 구식 가스 마스크를 쓰고 문간에 서 있는 한 남자를 본 것 같았다. 하지만 다음 순간, 열린 문으로 고약한 노란색과 잿빛 연기 구름이 흘러나오더니 남자의 모습이 보이지 않았다.

"튀어!"

링고가 소리쳤다. 두 번 말할 필요도 없이 패거리는 겁에 질려 이미 짙은 연기 사이로 줄행랑을 치고 있었다. 그들은 헐떡이며 비틀비틀 진입로로 내려와 포장도로로 들어섰다. 고약한 냄새 때문에 숨이 막혔던 터라 황급히 핼러윈 가면을 벗어 버렸다.

하지만 링고는 그들과 함께 있지 않았다. 링고는 진입로에

서 발이 걸려 넘어지는 바람에 자갈밭 위에 쓰러져 있었다. 간신히 일어서던 링고는 한 남자가 그 커다란 저택에서 이쪽을 향해 걸어오고 있는 걸 보았다.

"도와줘! 도와줘!"

링고가 외쳤다. 패거리가 걸음을 멈추고 돌아섰다. 하지만 아무도 선뜻 그를 도와주러 가려고 하지 않았다.

"얼른! 가서 링고를 구하자!"

몸집이 가장 작은 지트가 말했다.

다른 두 녀석은 어색하게 발을 질질 끌면서 머뭇거릴 뿐이었다. 그 무시무시한 남자는 더 이상 가스 마스크를 쓰고 있지 않았다. 소년들은 서서히 걷히기 시작하는 연기 속에서 남자의 이목구비를 어렴풋이 알아볼 수 있었다. 링고는 일어섰고, 남자가 그에게 뭐라고 말하는 것 같았다. 하지만 다른 소년들은 그가 무슨 말을 하는지 들을 수가 없었다.

몇 분 뒤, 링고가 돌아서더니 패거리를 향해 손을 흔들었다.

"얘들아!"

링고가 소리쳤다.

"얼른! 이리 와!"

다른 세 명은 마지못해서 하나씩 링고에게 다가갔다. 링고는 기분이 썩 좋은 것 같았다. 링고 옆에서 트위드 재킷을 입고 조금 음흉한 표정으로 서 있는 사람은 다름 아닌 리퍼 선생이었다.

〈2권에서 계속〉

스티븐 호킹 · 루시 호킹 인터뷰

"아버지와 나는 과학을 아이들도 쉽게 읽을 수 있는 소설로 엮어 내기 위해 최선을 다했어요. 《조지의 우주를 여는 비밀 열쇠》가 물리학에 관심이 없는 아이들의 마음까지 움직일 정도로 재미있고 독창적인 책이 되길 바랐거든요."

– 루시 호킹

1. 이 책에 대한 아이디어를 어디서 얻었나요?

루시 호킹 지금 서점에는 어린아이들이 접할 수 있는 공상 과학 소설은 많지만 아이들이 읽을 만한 '과학 사실'은 많지 않다는 것을 깨달았어요. 공상 과학 소설은 흥미진진하고 매우 재미있을 수는 있지만 우리가 살고 있는 우주에 대해 아무것도 말해 주지 않아요. 나는 아버지와 내가 공상이 아니라 진정한 과학을 기초로 한 여러 모험들을 다룬 이야기를 쓸 수 있을 거라 생각했어요. 그리고 과학을 아이들도 쉽게 읽을 수 있는 소설로 엮어 내기 위해 최선을 다했어요. 왜냐하면 《조지의 우주를 여는 비밀 열쇠》가 물리학에 관심이 없는 아이들의 마음까지 움직일 정도로 재미있고 독창적인 책이 되길 바랐거든요. 물론, 우리는 이 책이 부모들에게도 매력적으로 다가가길 바랍니다.

2. 미래에 시간 여행을 하는 것이 실제로 가능할까요?

　스티븐 호킹　우리는 모두 앞으로만 가는 시간 여행을 하고 있습니다. 그런데 로켓을 타고 고속으로 질주해 앞으로 빨리 갈 수도 있어요. 그리고 그 여행에서 돌아오면 지구상에 있는 다른 모든 사람들은 훨씬 더 늙었거나 이미 죽었다는 것을 알게 되겠지요.
　아인슈타인의 일반 상대성 이론은 우리가 때로 시공을 굉장히 많이 뒤틀리게 해서 과거로 여행할 수 있는 가능성을 제시하기도 합니다. 그러나 이런 왜곡은 복사의 분출을 촉발시켜서 우주선을, 그리고 어쩌면 시공 자체까지도 파괴시킬 가능성이 있습니다.

3. 이 책은 어떻게 작업했나요?

　루시 호킹　물리학을 소설로 엮어 내는 일은 결코 쉬운 일이 아니었어요. 우리는 이 책이 '교육적'이라는 느낌이 들지 않도록 흥미롭게 전달하고 싶었거든요. 정말 복잡한 과학적 개념들을 간단한 삽화로 표현하는 방법을 찾기 위해 수많은 시간을 서로 대화하며 보내야 했지요. 아버지는 우리가 이 책에서 묘사한 개념들의 일부를 평생 연구하고 만드셨어요. 아버지와 함께 일하는 것은 대단히 감격스러운 일이었죠. 아버지는 머릿속에 엄청난 양의 지식을 담고 있을 뿐만 아니라 관련 내용을 뽑아내고 간략한 문장으로 상대의 사고방식을 완전히 바꿀 수 있는 놀라운 능력을 갖고 계시거든요. 어려운 문제들을 이해하기 쉬운 말로 만들어 내는 것에 관해서라면, 과학을 간단한 말로 설명할 수 있는 아버지는 아마 세계적인 수준일 거예요. 우리와 함께 이 프로젝트에 참여한 크리스토프 갈파드 씨 역시 과학적 줄거리와 우주의 여러 사진들과 세부 사항을 작업하는 데 막대한 기여를 했어요.

4. 스티븐 호킹 박사님은 어릴 때 어떤 아이였나요? 또 무엇에 관심이 있었나요?

스티븐 호킹 어릴 때, 나는 사물이 어떻게 작동하는지 궁금했고, 또 그 사물을 작동시키고 싶었어요. 친구와 함께 내가 조종할 수 있는 수많은 복잡한 모형들을 만들기도 했지요. 우주가 어떻게 돌아가는지 알고 싶어 한 것은 자연스러운 다음 단계였어요. 만약 우주를 이해한다면 어떤 면에서는 그것을 지배하는 것이지요. 학창 시절엔 반에서 1등을 해본 적이 한 번도 없지만, 반 친구들은 나의 잠재력을 보았던 게 틀림없어요. 별명이 아인슈타인이었거든요.

5. 인류가 생존하기 위해서 우리가 정말로 우주로 뻗어 나가야 한다고 생각하나요?

　　스티븐 호킹　우주로 나가지 않는다면 우리 인류에겐 미래가 없다고 생각해요. 우리가 만약 장기적인 미래를 갖고자 한다면 우리의 지평선을 반드시 행성 지구 너머로 확장해야 합니다. 우리 지구는 지금도 점점 더 오염되고 점점 더 과밀해지고 있어요. 이 작은 지구에서 우리 자신의 내면만 바라보고 있을 수는 없습니다. 지구 바깥의 더 넓은 우주로 눈을 돌려야 합니다. 물론 시간과 노력이 필요하겠지요. 하지만 앞으로 과학 기술이 향상되면 점점 더 수월해질 겁니다. 그러므로 나는 사람들에게 우주에 관심을 가지라고 말하고 싶습니다. 나는 결코 건강을 이유로 연구를 멈추지 않을 것입니다. 인생은 단 한 번밖에 살지 못하니까요.

6. 이 책을 낸 다음엔 무엇을 할 계획인가요?

　　루시 호킹　나는 앞으로도 계속 우주를 여행하는 조지의 이야기를 쓸 생각이에요. 우주에는 조지가 가 보지 못한 곳들이 아직 많으니까요. 아버지는 첫 준궤도 우주 비행을 하게 될 버진 갤럭틱의 우주선(민간 우주 개발 기업 버진 갤럭틱의 소유자인 영국의 리처드 브랜슨 경이 추진 중인 우주여행 프로그램의 일환)에 탑승할 예정이에요! 그러니까, 우리 가족은 각자의 분야에서 우주에 점점 더 가까워지고 있는 거죠.

옮긴이 **김혜원**

연세대 천문기상학과를 졸업하고 동대학원에서 이학석사학위를 받았다. 《우주여행 시간여행》으로 제15회 과학기술도서상 번역상을 수상했으며, 현재 전문 번역가로 활동하고 있다. 옮긴 책으로 〈해리포터〉시리즈를 비롯해 〈애니모프〉시리즈, 〈델토라 왕국〉시리즈, 《우주가 우왕좌왕》, 《물리가 물렁물렁》, 《아름다운 밤하늘》, 《고대 야생 동물 대탐험》, 《혜성》, 《세균 전쟁》, 《알베르트 아인슈타인》, 《하버드 대학의 공부벌레들》, 《진화하는 진화론》 등이 있다.

스티븐 호킹의 우주 과학 동화
조지의 우주를 여는
비밀 열쇠 ❶

초판 1쇄 발행 2008년 4월 14일
초판 16쇄 발행 2015년 8월 21일
개정판 1쇄 발행 2018년 1월 15일
개정판 8쇄 발행 2024년 7월 15일

지은이 루시 & 스티븐 호킹 | **옮긴이** 김혜원

발행인 양원석 | **발행처** (주)알에이치코리아
출판등록 2004년 1월 15일 제2-3726호
주소 08588 서울시 금천구 가산디지털2로 53, 20층 (한라시그마밸리)
편집 문의 02-6443-8921 | **도서 문의** 02-6443-8800

ISBN 978-89-255-6260-5 (74840)

홈페이지 rhk.co.kr
블로그 blog.naver.com/randomhouse1 | **포스트** post.naver.com/junior_rhk
인스타그램 @junior_rhk | **페이스북** facebook.com/rhk.co.kr

제조자명 (주)알에이치코리아 | 제조국명 대한민국 | 사용연령 8세 이상
※ 종이에 손이 베이거나 모서리에 다치지 않게 주의하세요.
※ 잘못 만들어진 책은 구입하신 곳에서 바꾸어 드립니다.